시온의 대로,
시온의 영광

예수 그리스도와 복음
그리고 이스라엘

표지 디자인 해설

The Highways to Zion

주께 힘을 얻고 '시온의 대로'를 걷는(시 84:5) 모습을 십자가 세로 축 아랫부분에 표현했습니다. 주님 다시 오실 길을 준비하는 자들이 걸어야 할 길로(마 3:3), 특히, '이스라엘의 구원'을 통한(롬 11:26) 복음의 완성, 선교의 완성, 언약의 완성, 하나님 나라의 완성을 향한 길입니다(마 6:10).

The Glory of Zion

'시온의 대로'를 걷는 것을 넘어 '시온의 영광'(사 60:1; 롬 11:36)에 이를 것을 십자가 세로 축 윗부분에 표현했습니다. '진정한 나'로 그리스도를 본받아 살며, 시온의 대로를 끝까지 완주하기를 촉구하는 의미를 담고 있습니다. "아버지께서 내게 하라고 주신 일을 내가 이루어 아버지를 이 세상에서 영화롭게 하였사오니"(요 17:4) 고백하신 예수님을 부끄러움 없이 만나게 되시길(딤후 4:7-8) 바랍니다. 달려갈 길을 마치고 '이방의 빛이요, 이스라엘의 영광'(눅 2:32)이신 예수님을 시온의 대로 끝에서 만나십시오.

יֵשׁוּעַ הַמָּשִׁיחַ

예수 그리스도의 히브리어 표기 'יֵשׁוּעַ הַמָּשִׁיחַ 예슈아 하마시아흐'로 십자가 수평축을 표현했습니다. 이스라엘 사역의 기초와 중심에 예수 그리스도와 복음이 있어야 함을 강조한 것입니다(고전 2:2; 눅 4:43). 이스라엘이 우상이 되어선 안 되며, 그렇다고 무시되어서도 안 됩니다. 이스라엘을 알면 알수록 이스라엘이 가리키는(사 43:10, 62:7; 시 147:12) 예수 그리스도가 더욱 선명해지고 존귀케 되어야(빌 1:20-21, 3:7-14) 함을 강조한 도안입니다. 예수님은 성경의 중심이고, 역사의 중심이며, 선교의 중심이십니다.

가시 면류관과 핏방울, 그리고 금관

이 책을 공부하는 동안 또한 남은 믿음의 여정을 걸어가며 예수 그리스도와 십자가로 살아갈 때(고전 2:2; 갈 6:14), '예수님이 쓰신 가시 면류관'과 '흘리신 보배로운 피'가 꼭 기억되기를 바라며, 도안으로 표현했습니다. 예수님이 쓰신 금관은 가시관을 통과한 결과입니다(빌 2:5-11). 마지막 때, '본질'을 잃지 않고 주님의 발자취를 따르는 '제자'로 살아갈 것을(벧전 2:21) 촉구합니다. 가시 면류관에서 떨어지는 핏방울이 내 얼굴에 떨어지게 되길… 그리고 그 전율로 살아가게 되길 기도합니다. 지금은 그럴 때입니다.

시온의 대로, 시온의 영광

예수 그리스도와 복음 그리고 이스라엘

The Glory of Zion

יֵשׁוּעַ הַמָּשִׁיחַ

The Highways to Zion

박일승 지음

그 마음에
시온의 대로가 있는 자는
복이 있나이다
시 84:5

홀리원코리아

서문

"성경의 이스라엘은 성경을 담는 그릇이며, 성경 내용을 보여주는 창이다."라는 말처럼 이스라엘은 성경을 입체적·통전적으로 이해하는 데 있어 매우 중요합니다. 특히, 성경이 약속하고 있는 우리 주 예수 그리스도의 '다시 오심'과 관련하여 그 역할은 더욱 중요하다 하겠습니다. 이러한 측면에서 이스라엘에 대한 관심과 이해가 증가하고 있다는 사실은 고무적인 일입니다. 하지만, 이스라엘에 대한 좁고 편향된 시각이나, 단순한 외형적 모방, 본질에서 벗어나 균형을 잃고 있는 점은 우려가 되는 부분입니다. 이스라엘이 열리는 흐름에 방해와 공격이 될 수 있기 때문입니다.

지금은 이스라엘이 열리는 중요한 시점입니다. 이 때에 언약에 기초한 '성경이 말하는 이스라엘'에 대한 바른 이해가 필요하며, '이스라엘만'이 아닌 '이스라엘도'의 시각으로 균형잡힌 사역이 요청되고 있습니다. 특히 '예수 그리스도'와 '복음'이 빠진 이스라엘 사역이 되어, 이스라엘이 우상이 되게 만드는 일이 있어선 안 되겠습니다. 오히려 종이요 증인으로 부르심받은 이스라엘이 가리키고 있는 바, 성부·성자·성령 하나님과의 깊은 동행이 이루어지고, 사랑이 깊어지고, 하나님만이 높임받으시는 사역이 되어야 하겠습니다(시 147:12; 사 62:7). 이러한 방향성 가운데 『시온의 대로, 시온의 영광』이란 교재가 나오게 되었습니다.

본 교재는 창세기에서 계시록까지 시간의 흐름을 따라 관통하고 구조화할 수 있도록 만들었습니다. 총 5과로 각 과는 장별로 주요 내용의 흐름을 서술식으로 제시하였으며, 그 내용을 기초로 직접 성경을 찾아보며 확신할 수 있도록 하였습니다. 또한 배운 내용을 한 눈에 담을 수 있도록 각 과의 끝에 도표를 만들되 누적되어 완성되는 형태로 구성하였습니다. 개인적인 '확신'과 '헌신', 그리고 '재생산'하는 데 도움이 되는 교재가 되길 바랍니다. 나아가, 글로는 다 담아내지 못하는 부분을 전달하기 위해 동영상을 준비했음을 알려드립니다. 12쪽의 차례와 표지 날개 부분의 QR코드에 접속하시면 안내 받으실 수 있습니다. 하지만 직접 대면하여 함께 '하브루타'하는 것이 가장 좋은 방법임을 말씀드립니다.

하나님의 시간표가 '완성'을 향하여 가고 있습니다. '시온의 대로'를 걸으며, 마침내 '시온의 영광'에 이르게 되시길 축복합니다(시 84:5,7). 도표가 제공되는 본 교재를 통해 '하나님의 역사'가 지적(知的)으로 체계화되며, '하나님의 마음'이 내 안에 흐르게 되고, '하나님이 원하시는 사역'에 대한 시대적 분별력을 갖게 되시길 기도합니다. 무엇보다 '때에 맞는 양식'을 나눠주는 '충성되고 지혜있는 종'이라 칭찬받게 되시길 간구합니다.

끝으로, 이 책이 있을 수 있도록 기도하고 내조하며 하브루타 친구가 되어준 아내와, 아빠를 이해해주고 기다려준 사랑하는 딸 휘은이에게 감사의 마음을 전합니다. 함께 기도하며 동역하는 시온의 대로 가족들에게도 감사를 드립니다. 주님의 마음을 따라 이스라엘을 사랑하며 나아가는 굳건한 믿음이 큰 힘이 되었습니다. 또한 이스라엘에서 만난 소중한 동역자 김용진 선교사님의 이스라엘 사진에 감사를 드립니다. 이로 인해 책이 더 풍성해질 수 있었습니다. 필자의 글을 책으로 기꺼이 출판해 주신 홀리원코리아의 이경아 대표님과 식구들 특히, 브살렐 같은 손길로 아름답게 편집해 주신 홍승화 간사님께 감사를 드립니다. 홀리원코리아의 지지와 헌신을 하나님께서 기억하여 주시길 기도합니다. 이 책을 다시 오실 주님 앞에 올려드립니다. 주님, 다시 오실 주님의 길을 준비하는 데에 이 책이 고귀하게 사용되길 소원합니다.

"아멘. 주 예수여, 오시옵소서!"(계 22:20)

시온의대로교육원 대표 **박일승 목사**

〈통곡의 벽에서의 기도, 예루살렘〉

예루살렘 성전이 무너진 뒤 유대인들은 전 세계로 흩어졌고, 오랫동안 이 벽 앞에서 '예루살렘의 회복'을 위해 울며 기도해 왔습니다. 파괴의 흔적이자 동시에 회복의 기도처가 되었지요. 사진처럼 유대인만이 아닌, 청교도를 비롯한 깨달은 이방인 또한 이스라엘의 회복과 예루살렘의 회복을 위해 기도했습니다. 유월절 세데르가 끝날 무렵 모든 유대인들은 전통적으로 외쳤습니다.   "다음 해에는 예루살렘에서!"

추천사

하나님은 꿈을 가지고 계십니다.
첫째는 개인적으로 에덴회복 하는 꿈이고
둘째는 지구촌적으로 에덴회복 하는 꿈입니다.

개인적인 에덴회복은 초림 예슈아를 구세주로 믿고 성령님의 사람이 되고 하루하루의 삶 속에 하나님 나라를 살아내며 임재 가운데 생명력을 나누는 삶입니다.

지구촌적인 에덴회복은 재림 예슈아의 길을 예비하며 성경에 예언된 이스라엘 회복과 세계선교를 완성하는 일에 교회와 개인이 하나님의 뜻에 순종하는 일입니다.

저자의 『시온의 대로, 시온의 영광』은 이스라엘과 맺은 언약의 하나님께서 역사를 통해서 그의 꿈을 어떻게 완성시켜 가는지 성경의 빅픽처를 통하여 잘 설명해주고 있으며, 지난 인류역사를 통하여 성경의 예언들이 어떻게 이루어져가는지를 보게 하는 실제적이며 구체적인 안내서입니다.

이스라엘을 중심으로 펼쳐지는 마지막 때 "하나님의 왕국"의 완성을, 성경에 나타난 빅픽처를 깨닫고 내 삶에 적용할 때에 개인적인 에덴회복도 완성될 수 있습니다.

본서에서 주어진 질문과 성경 본문들을 깊이 음미해 나가길 바랍니다. 성령님께서 깨닫게 해주시는 생명력으로, 복음의 뿌리인 유대인들과 이방교회가 한 새 사람이 되는 길잡이가 될 것이며, 지난 2,000년 동안 간과했던 하나님의 간절하심(한 새 사람 정신)에 교회가 응답하는 귀한 안내서가 될 것을 확신합니다. 샬롬!

• IMN 이스라엘 가정교회 개척팀장 임도현 목사 •

추천사

박일승 목사님을 처음 만난 곳은 팔레스타인 자치지구인 베들레헴이었습니다. 저와 같은 공간을 사용하셨기에 오고가며 많은 대화를 나눌 수 있었습니다. 그리고 목사님이 "왜 이스라엘을 선교해야 하는가?"에 대해 교육을 하는 분임을 알게 되었습니다.

현장에 있으면서 이스라엘 사역과 관련된 다양한 사람들을 만나면서 때론 지나치게 편향된 모습에 마음이 지치곤 했습니다. 으레 목사님 또한 그런 분이 아닐까 짐작하기도 했지만, 대화를 할수록 열린 마음으로 현장의 이야기를 듣는 목사님의 모습에서 겸손함과 온화함이 묻어 나왔습니다. 자칫 불편할 수도 있는 이야기도 귀 담아 듣고, 이따금씩 메모도 해가면서 적극적으로 대화하는 모습에서 마음의 넉넉함과 진지한 호기심이 묻어 나왔습니다. 무엇보다 겉으로 드러나고 화려하게 치장된 사역보다는 이름도 빛도 없이 이스라엘 곳곳에서 사역하는 이들의 소식을 궁금해 하고 실질적인 사역이 이루어지는 현장에 뜨거운 관심을 갖는 모습에서 한 영혼 한 영혼에 대한 사랑과 긍휼함이 묻어 나왔습니다.

박일승 목사님은 현장에 있으면서 이스라엘을 향한 비전과 마음이 무뎌지고 흐트러져 있던 저에게도 다시금 초심을 일깨울 수 있도록 도전과 힘이 되어 주었습니다. 한국에 와서도 목사님이 이끄는 '시온의 대로 기도모임'에 참석하여 직접 작성하신 기도문을 읽어가며 기도할 때마다 성령의 깊은 울림과 감동으로 가슴이 뜨거워지는 경험을 하게 되었습니다. 이스라엘을 위해 고착화 된 뻔한 기도가 아니었습니다. 어디서 대충 베낀 기도문도 아니었습니다. 매주 무릎으로 기도하고 공부하고 자료를 모으면서 한 문장 한 문장 정성껏 작성된 기도문이었습니다. 그렇게 매주 함께 기도를 하면서 하나님께서 주시는 동일한 마음을 갖게 되었습니다.

본 『시온의 대로, 시온의 영광』 책은 우리가 왜 이스라엘을 위해 기도하며 선교해야 하는지를 보다 깊고 선명하게 안내하는 교재라 확신합니다. 무엇보다 역사 속에서 하나님의 언

추천사

약이 어떻게 성취되고 있는가를 잘 제시하고 있습니다. 바라기는 이 교재가 이스라엘을 알리고, 더 나아가 기도의 불을 붙이고, 더 나아가 이스라엘 현장에서 함께 선교에 동참하는 데 귀하게 쓰임 받기를 소망합니다.

■ 이스라엘 선교사역 김용진 선교사 ■

이스라엘에 대해 관심을 갖지 않았던 저에게도, 먼저는 목사님의 강의를 통해 접하게 하시고, 믿는 자부터 바로 보아야 할 것을 보게 하심이 은혜였습니다. 저와 같이, 눈의 비늘과 생각과 마음의 닫혀 있던 것들이 벗겨지고 새로워질 책을 편찬해 주신 목사님께 감사의 말씀을 드립니다. 이 책은 이스라엘에 대해 확신을 가지고, 기도와 섬김으로 헌신하며, '먼저 배운 자가 전하는 자'가 되도록, '안내해 줄 교과서'가 될 것입니다. 이 책을 통하여 많은 이들이 이스라엘을 위해 기도와 헌신의 자리에 서게 되길 기도합니다.

■ 온누리교회 권사 심경희 ■

"역사가 기록되는 곳, 이스라엘을 모르면 성경을 입체적으로 볼 수 없다."[본문 중에서]
이스라엘을 정치·경제·군사적 관점으로 바라보면, 안티 세미티즘(anti-Semitism)으로 빠지게 된다. 이 교재는 '이스라엘을 성경적·역사적·선교적 관점'으로 조명하여 하나님의 온전하신 뜻을 깨닫게 하며, '주님 다시 오실 길'을 깨어 준비하는 자리로 인도하는 소중한 책이다. 말씀과 기도, 성령님의 인도하심의 결정체이다.

■ 온누리교회 권사 마동숙 ■

추천사

유대인의 왕 예수님(나사렛 예수 유대인의 왕 예수님)은 우리를 구원하시고 통치하시고 다스리시는 왕이십니다. 예수님께서는 우리의 죄와 허물로 인해 돌아가셨습니다. 하나님의 주권 안에 유대인과 이방인이 가세하여, 예수님께서는 십자가에 못박혀 돌아가신 것입니다. 하나님은 유대인을 통해, 우리로 구원 얻게 하셨습니다. 이스라엘을 아는 것이 여호와 하나님을 아는 것입니다. 언약을 지키시는 신실하신 하나님이십니다! 오직 순정을 원하시는 하나님이십니다! 이스라엘을 위해 기도합니다. 이스라엘을 공부하면서 '이스라엘의 회복 없이는, 역사의 완성이 없음'을 알게 되었습니다. 하나님께서 이스라엘을 구원하시고 회복시켜 주실 것을 믿습니다.

• 온누리교회 성도 김선미 •

"맹인이 겉옷을 내버리고 뛰어 일어나 예수께 나아오거늘"(막 10:50)
'주님! 이게 다입니까?' 하는 목마름!
'오라~' 하신 예수님 응답은, 일어서게 하시고 달려가게 하시는 큰 빛이셨습니다. 바디매오의 기쁨이 가득한 유일한 책을 만나게 하신 하나님께 영광을 올려드립니다.

• 온누리교회 순장 Lily Keum •

이스라엘은 하나님께서 하나님의 구속사를 이루어 가실 때 증인으로 선택하신 나라이다. 하나님은 증인인 이스라엘을 통하여, 역사의 주권자되시고 언약에 신실한 하나님과 예수 그리스도를 깊이 아는 은혜를 베푸신다. 또한 이스라엘을 통하여 우리에게 구속사의 때를 아는 분별력을 주셔서, 마지막 때 주님의 재림을 준비하며 하나님 나라를 기다리는 자로

추천사

서도록 은혜를 베푸신다. 그러므로 이스라엘을 잘 알아가는 것은 구속사를 이해하는데 있어 반드시 필요한 과제라고 할 수 있다.

오늘날 주님의 재림이 가까워짐에 따라, 구속사의 때를 아는 은혜가 많이 필요한 시점이 되었다. 이러한 때에, 성경공부 교재『시온의 대로, 시온의 영광』의 발간 소식은 매우 반가운 소식이다.

『시온의 대로, 시온의 영광』은 성경의 구속 역사를 실제의 이스라엘 역사에 연결하여 만든 구속사 중심의 역사도표를 소개한다. 그런데, 이 도표는 우리에게 성경의 구속사가 영적인 개념만이 아니라, 세상 역사에서도 이루어지고 있는 역사적 사실이라는 것, 즉 '구속사의 역사성'을 명확하게 보여준다는 점에서 매우 탁월하다고 생각한다.

역사도표에는 창조부터 시작하여 이스라엘의 고난과 이방 교회 시대, 이스라엘의 회복과 주님의 재림 그리고 하나님 나라 완성 등이 역사 흐름에 따라 성경 말씀과 함께 자세히 기록되어 있어, 성경 구속사의 흐름을 잘 알 수 있게 보여준다는 점도 학습교재로서 뛰어난 장점이라 생각한다. 또한 교재 속의 역사도표는 하나님께서 이스라엘을 통하여 구속사를 이루신다는 사실과, 이스라엘의 증인으로의 부르심은 끝난 것이 아니라 세상 끝날까지 유효하다는 것을 분명하게 보여주기에, 오늘날 교회에 이스라엘의 중요성을 알리는 자료로도 매우 훌륭한 가치가 있다고 생각한다.

이 교재에 소개된 많은 시청각자료와, 참고 말씀과, 하브루타식 학습법이 공부를 효과적이며 흥미롭게 이끌어 가리라고 생각하며, 부디 이 교재가 열방의 많은 자를 주님께 인도하고 잠자는 자들을 깨워, 시온의 영광이신 주님의 다시 오심을 준비하는데 귀하게 널리 사용되기를 진심으로 기도한다.

▪ 사랑의교회 권사 이혜연 ▪

차 례

서문 4
추천사 7

영상 강의 안내

제1과　언약과 이스라엘　◊ 16

① 7대 언약　19
② 언약의 핵심과 범위　22
③ 언약과 이스라엘　25
④ 언약과 전쟁　30
⑤ 너를 축복하는 자에게는 내가 복을 내리고(창 12:3)　33

제2과　메시아 언약의 성취: 유대인의 왕 예슈아　◊ 42

① 메시아 언약의 성취　44
② 유대인의 왕으로 나신 예슈아　45
③ 유대인의 왕으로 죽으신 예슈아　48
④ 메시아를 배척한 예슈아의 백성　51
⑤ 어머니의 백성이 나의 백성이 되고(룻 1:16)　54

제3과 초대교회와 이스라엘의 디아스포라 ◇ 62

1. 유대인의 예루살렘교회 — 65
2. 유대인과 이방인의 안디옥교회 — 69
3. 유대인의 디아스포라: 역사에서 사라진 이스라엘 — 74
4. 이방 교회의 대체관점과 반유대주의 — 80
5. 이스라엘의 남은 자를 구원하소서 (렘 31:7) — 84

제4과 이스라엘의 회복과 예언의 성취 ◇ 94

1. 1882, 알리야의 시작 — 97
2. 1948, 이스라엘의 재건 — 108
3. 1967, 예루살렘의 회복 — 115
4. 20세기, 이스라엘의 영적 회복 — 123
5. 하물며 이스라엘의 충만함이리요 (롬 11:12) — 126

제5과 언약의 완성: 다시 오실 만왕의 왕 예수님 ◇ 136

1. 다시 오실 만왕의 왕 예수님 — 139
2. 재림을 위한 전제: 한 새 사람 — 146
3. 재림에 대한 방해: 영적 전쟁 — 154
4. 완성을 위한 이방인의 역할 — 168
5. 아멘. 주 예수여, 오시옵소서! (계 22:20) — 174

광야의 싯딤나무

하나님과의 언약을 담은 십계명 돌판! 그 돌판을 보관하는 언약궤의 재료가 된 나무입니다(신 10:3). 척박한 광야에서도 꿋꿋이 자라나는 싯딤나무는 생명력이 강할 뿐 아니라, 거친 환경 속에서도 쉽게 부서지지 않는 견고한 내구성을 지닌 나무입니다. 황량하고 고독한 광야 한복판에서 방향을 알려주는 이정표가 되어주며, 지친 자들에게 쉼을 주는 안식처가 되기도 합니다.

The Highways to Zion, The Glory of Zion

제 1 과

언약과 이스라엘

---

1. 7대 언약

2. 언약의 핵심과 범위

3. 언약과 이스라엘

4. 언약과 전쟁

5. 너를 축복하는 자에게는 내가 복을 내리고 (창12:3)

제 1 과
언약과 이스라엘

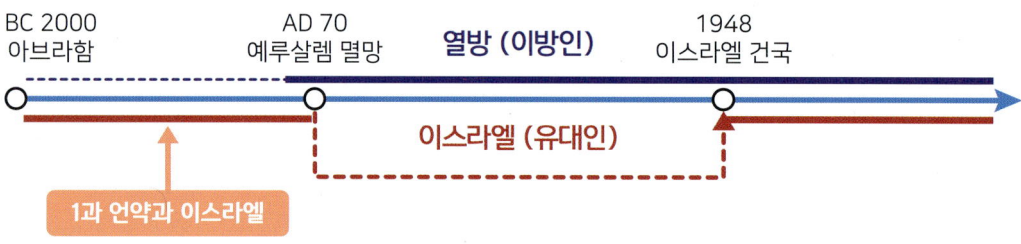

혹시 성경을 볼 때 성도님의 가슴을 뛰게 하는 단어가 있습니까? 필자는 성경을 볼 때마다 항상 가슴을 뛰게 하는 단어들이 있습니다.

'예수 그리스도, 십자가, 언약, 복음, 선교, 예배,
이스라엘, 교회, 하나님 나라, 완성 …'

하나님의 역사 중심에는 **예수 그리스도**가 있습니다. 성경의 구약은 '오실 메시아'를 대망하고, 신약은 '오신 메시아'를 말합니다. 또한 '다시 오실 메시아'를 대망합니다. 하나님은 메시아 예언을 성경에 기록하셨고, 역사 가운데 성취하셨으며,

성취하실 것입니다. 창조로부터 시작되는 구약의 역사는 하나님께서 왕이신 **하나님 나라**를 계시하고 궁극적 지향점으로 삼으며, 예수님의 성육신으로 시작되는 신약의 역사는 세상에 침투해 들어온 하나님의 나라가 믿는 자들에게 현존하는 실체가 되고 주님 재림하시는 미래에 완성될 것임을 선포합니다. 예수님의 핵심 사상은 구·신약을 관통하는 '하나님 나라'입니다. 예수님은 **'하나님 나라 복음'**을 전하셨고, 사도들 역시 하나님 나라를 전파하였습니다. 메시아의 오심과 다시 오심은 성경에 예언된 것으로 언약의 완성을 향합니다. 1과를 통해 **성부 하나님**을 더 깊이 느끼게 되시길 바랍니다.

주제 말씀 암송

창세기 12:3, 22:17-18

12:3너를 축복하는 자에게는 내가 복을 내리고 너를 저주하는 자에게는 내가 저주하리니 땅의 모든 족속이 너로 말미암아 복을 얻을 것이라 하신지라 … 22:17네 씨가 그 대적의 성문을 차지하리라 18또 네 씨로 말미암아 천하 만민이 복을 받으리니 이는 네가 나의 말을 준행하였음이니라 하셨다 하니라

갈라디아서 3:8

또 하나님이 이방을 믿음으로 말미암아 의로 정하실 것을 성경이 미리 알고 먼저 아브라함에게 복음을 전하되 모든 이방인이 너로 말미암아 복을 받으리라 하였느니라

> **생각 열기**

▲ 노래하고 춤추는 **다윗 왕**에 의해 옮겨지는 언약궤, 이탈로-플랑드르 학파, 1600년경

◀ 이삭을 제물로 바치는 **아브라함**, 렘브란트, 1635

▼ **아기 예수님**을 안은 시므온, 렘브란트, 1669

<u>그림을 연결하여 볼 때, 어떤 생각이 떠오르시나요?</u>

18 · 시온의 대로, 시온의 영광

7대 언약

언약은 성경 전체를 이해하는 중요한 틀이자 뼈대가 되는 주제입니다. 성경에 제시된 첫 언약은 하나님께서 대리 통치자인 사람을 **창조**하신 후 '복'주시고 명령하신 '**창조언약**'입니다(창 1:27-28). 하지만 죄로 **타락**하여 존재의 근원을 상실하게 된 인간에게 하나님은 여인의 후손에게서 날 메시아(구원자)를 약속하는 **구속**사의 '**시작언약**'을 주십니다(창 3:15). 이후 세상에 관영한 죄악으로 인한 홍수 심판 속에서도 하나님은 구속 사역의 성취를 위해 노아와 '**보존언약**'을 맺으십니다(창 9:11). 구원을 위한 보존으로 세상(땅)의 현재 질서를 보존하기로 공약하시고, 무지개를 증표로 주시지요(창 9:11-13).

바벨 사건 이후 아브라함을 부르시고 그의 씨에서 메시아가 날 것이며, 하나님께서 "내가 죽을지언정 언약을 지키시겠다"는 '**약속언약**'을 맺으심으로 전 인류를 구원할 위대한 플랜을 계시·운행해 나가십니다(창 12:1-3, 15:17). '씨'와 '땅'을 약속하시며 할례를 증표로 주셨지요(창 17:11). 이스라엘의 선택은 차별이 아닌 하나님의 전략입니다. 모세의 인도로 이스라엘 민족이 출애굽한 이후 하나님은 이스라엘과 조건부의 '**율법언약**'을 맺으십니다(출 19:5-7). 율법은 하나님의 형상대로 지음받은 사람을 향한 하나님의 뜻을 다시금 분명하게 하신 것으로, 율법은 장차 오게 될 좋은 것에 대한 그림자로써 율법의 목표이자 성취인 메시아께로 향하도록 의도된 것입니다. 유다 지파의 후손 중 하나님의 마음에 합한 다윗을 택하시고 '**왕국언약**'을 맺으심으로 다윗의 자손에서 메시아가 날 것이며, 그의 나라가 영원히 보전되고 그 왕위가 영원히 견고하리라 약속하십니다(사 9:6-7). 왕과 백성의 관계를 넘어 아버지와 자녀의 친밀한 관계를 약속하십니다. 메시아 역시 하나님의 아들이라 일컬음 받게 될 것이라 말씀하십니다(삼하 7:12-16). 언약대로 메시아 예수님은 여인의 후손으로, 아브라함의 씨로, 다윗의 자손으로 나셨습니다(마 1:1). 언약의 성취입니다. 예수님은 **'절정의 언약'**이라 할 수 있는 새언약을 맺으시고, 약속대로 자신의 몸을 찢어 십자가에 죽으심으로 인간이 도저히 해결할 수 없는 죄에서의 구원을 이루셨습니다(렘 31:31-35; 눅 22:20). 어린양으로 오신 주님은 이제 심판하실 사자로 완성을 위해 다시 오실 것입니다. 언약이 지향하는 바는 하나님 왕국의 **완성**이며, 안식의 완성·복음과 선교의 완성을 포함합니다.

사진으로 보는 이스라엘

〈성막 내부 및 외부 전경, 네게브 사막의 팀나파크〉

출애굽기의 성막을 실물 크기로 재현한 모형, 모세 언약(율법 언약)을 생각하게 하는 성막. 특히 성막은 하나님과의 관계 회복이 이루어지는 장소로 성막의 모든 것이 예수님을 나타낸다는 사실!

(1) 성경의 언약 개념은 성경 전체를 이해하는 가장 중요한 틀입니다. 성경에 제시된 언약들의 주요 내용은 무엇인가요?

7대 언약	구절	주요 내용	언약 속의 십자가	언약의 증표 및 (키워드)
① 창조언약	창세기 1:27-28			(하나님 형상, 복, 생육·번성하라, 다스리라)
② 아담언약 (시작 언약)	창세기 3:15		에덴 동산의 십자가	가죽 옷
③ 노아언약 (보존 언약)	창세기 9:11		홍수 가운데 십자가	무지개[공간적] 창 9:12-13,17 계 4:2-3
④ 아브라함언약 (약속 언약)	창세기 12:1-3		모리아 산의 십자가	할례[육체적] 창 17:11 (횃불)
⑤ 모세언약 (율법 언약)	출애굽기 19:5-7		광야의 십자가	안식일[시간적] 출 31:13 (율법/성막)
⑥ 다윗언약 (왕국 언약)	사무엘하 7:12-16		타작 마당의 십자가	(아들 관계)
⑦ 새언약 (절정의 언약)	예레미야 31:31-35 누가복음 22:20		골고다의 십자가	(유월절 만찬)

"언약개념은 성경 전체의 여러 주제를 총체적이면서도 유기적으로 읽을 수 있는 성경의 뼈대 혹은 구조이다."
- 마이클 호튼, 『언약신학』

2 언약의 핵심과 범위

하나님의 구속사의 Big picture가 보이시나요?

언약의 핵심은 창세기에서 계시록까지 반복·강조되는 "나는 너희의 하나님이 되고 너희는 내 백성이 되리라"(창 17:7-8) 입니다. 이는 다윗 언약에 이르면 "나는 그의 하나님이 되고 그는 내 아들이 되리라"(삼하 7:24)로 발전됩니다. 계시록 21장은 이 둘의 완성된 모습을 보여줍니다(계 21:3, 7). 하나님은 우리의 왕이시고 아버지시며, 우리는 하나님의 백성이고 자녀입니다. Amazing!

창세기 12장은 구속사의 분수령이며 또한 유대인과 이방인이 구분되는 분수령입니다. 하나님께서는 아브라함을 부르시고 한 민족을 만드실 것을 약속하시며 모든 족속이 아브라함으로 말미암아 복을 얻을 것이라고 약속하십니다(창 12:3). 바울은 이를 하나님이 아브라함에게 복음을 전하셨다고 밝힙니다(갈 3:8). 아브라함과 그의 씨로 말미암아 즉 **이스라엘**로 말미암아(수단의 특정성), 천하만민이 즉 **이방인**이 복을 받으리라는(목표의 보편성) 구속사의 그랜드 플랜을 밝히셨습니다. 그 복은 믿음으로 말미암아 그리스도 예수 안에서 하나님의 아들이 되는 것입니다(갈 3:26).

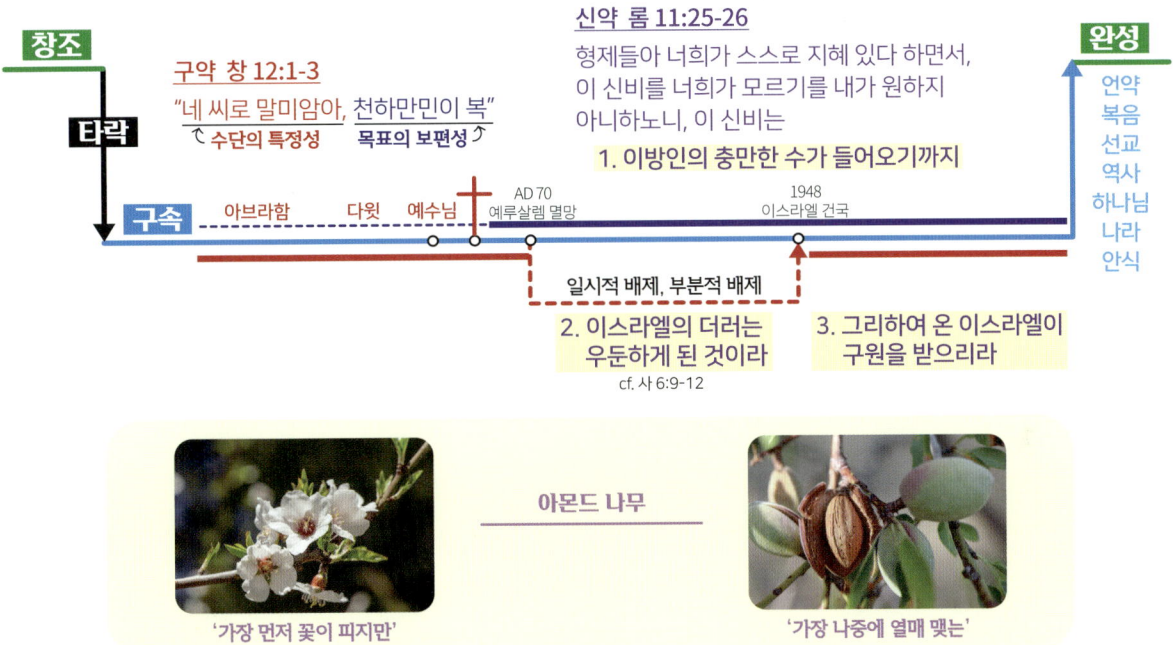

(1) 창세기에 처음 제시되어 성경 전반에 걸쳐 반복적으로 언급되며, 계시록에서 완성되는 '언약의 핵심'은 무엇인가요? 공통으로 반복되는 말씀을 적어보세요.

창 17:7-8

계 21:3, 7

참고 삼하 7:24 / 렘 31:33; 겔 36:28 / 고후 6:16

1과 언약과 이스라엘 · 23

(2) 언약이 미치는 범위에 대해 성경은 어떻게 말하고 있나요?

창 12:3

참고 　창 17:12 / 출 12:48-49 / 출 22:21

갈 3:8

참고 　갈 3:14 / 롬 11:17 / 엡 2:11-12, 19-22

수단의 특정성, 목표의 보편성

바울 - 성경의 큰 구분 (롬 1:16)

내가 복음을 부끄러워하지 아니하노니 이 복음은 **모든 믿는 자**에게 구원을 주시는 하나님의 능력이 됨이라 먼저는 **유대인**에게요 **그리고 헬라인**에게로다 (롬 1:16)

로마인보다 수백 년 앞서 세계를 지배했던 **헬라인은 세계를 헬라인과 나머지로**(='야만인'으로 부름) 양분했다. **편지의 상당 부분에서 바울은 세계를 다른 식으로 분할**하느라 여념이 없다. **유대인은 세계를 유대인과 나머지로** 양분했다. 그들은 나머지 사람들을 때로는 '민족들'로, 때로는 '이방인'으로 때로는 '헬라인'으로 불렀다.

　　　– 톰 라이트(Thomas Wright), 모든 사람을 위한 로마서, 31 -

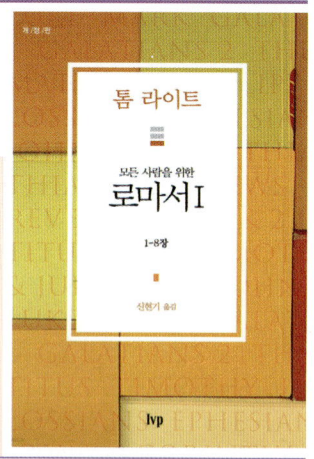

믿는 자 / 안 믿는 자 유대인(믿는 자, 안 믿는자) / 이방인(믿는 자, 안 믿는자)

언약과 이스라엘

중요한 퍼즐 한 조각이 맞춰짐으로 전체 그림을 더 선명하게 이해하게 된 경험이 있으신가요? **이스라엘**은 잃어버린 아주 중요한 퍼즐과 같습니다. '성경의 이스라엘은 성경을 담는 그릇이며, 성경 내용을 보여주는 창이다.'라는 말처럼, 이스라엘을 알 때 성경은 추상적인 데서 구체적인 사실로 다가올 것이며, 보다 선명하게 보이게 될 것입니다. 이스라엘은 가야할 길이 정해져 있는 민족입니다. 초림만이 아닌, 재림 때에도 그들에게 주어진 역할이 있습니다.

이스라엘은 아브라함 이후 2,000년 동안, 하나님의 종과 증인으로 부름받아(사 43:10) 말씀을 맡아 기록하고 보존하는 역할을 했습니다(롬 3:1-2). 그들에게는 하나님의 아들로서의 신분이 있고, 하나님을 모시는 영광이 있고, 하나님과 맺은 언약들이 있고, 율법이 있고, 예배가 있고, 하나님의 약속들이 있습니다. 족장들은 그들의 조상이요, 이스라엘의 절정인 예수 그리스도도 그들의 혈통에서 나셨습니다(롬 9:4-5 새번역). 또한 예수님과 함께 하며 훈련된 유대인 제자들에 의해 복음이 전파되었습니다(요 4:22). 예루살렘에서 시작된 복음이 이방인에게 미치게 된 것입니다(눅 24:27). 우리는 유대인에게 **복음의 빚진 자**입니다. 하지만 민족적으로 메시아를 배척한 죄로 인해 유대인들은 전 세계로 흩어지게 되었습니다(눅 21:24). 하나님은 축복의 언약만이 아닌 저주의 언약에도 충실하십니다. 여기에는 이방인을 구원하시려는 하나님의 예정된 깊은 섭리가 있습니다.

역사의 무대에서 사라진 이스라엘! 그것으로 이스라엘은 과연 끝일까요? 성경은 때가 차면 다시 이스라엘을 모으실 것이라 분명하게 약속하고 있으며(사 11:11-12), 이방인의 충만한 수가 차면 이스라엘이 구원을 얻게 될 것이라고 예언하고 있습니다(롬 11:25-26). 그리고 여자의 후손으로 사탄의 머리를 상하게 하신 예수님은(창 3:15; 골 2:14-15) 역사의 마지막에 유다 지파의 사자요, 다윗의 뿌리와 자손으로서(계 5:5, 22:16) 미혹하는 마귀를 불과 유황 못에 던지실 것입니다(계 20:10).

언약의 대상과 공간이 이스라엘과 맞물려 있음을 보게 됩니다. 이스라엘을 빼고 언약을 이해하는 것은 불가능합니다. 성경의 대주제이며 언약이 가리키고 있는 '예수 그리스도', 그리고 예수 그리스도와 관련하여 성경의 가장 큰 두 봉우리 '초림과 재림'은 이스라엘과 맞물려 있습니다. 이것이 이스라엘을 알아야 하는 이유입니다.

(1) 위 언약의 흐름과 내용 속에 이스라엘이 차지하는 위치에 관해 발견한 것이 있나요?

성경은 이스라엘을 중심으로 전개된 하나님의 구속 이야기 (cf. 요 3:16)

성경의 이스라엘
성경을 담는 그릇,
성경 내용을 보여주는 창문

Q. 성경에 가장 많이 나오는 단어는?
- 여호와 – 5912구절
- 하나님 – 3584구절

- 이스라엘 - 2336구절(개역개정)
- 신구약 31,102 ÷ 2,336 ≒ 13구절

- 히브리어 구약 ישראל 2515회
- David Mishkin 신약 Ἰσραήλ 75회

이스라엘을 모르면 성경을 입체적으로 볼 수 없다!
이스라엘의 context(문맥) 속에서 봐야 한다!

(2) 이스라엘의 부르심과 역할에 관하여 성경에 언급된 내용입니다. 보충 설명을 참고하여 찾아보세요.

	구절	이스라엘의 부르심과 역할	보충 설명
1	사 43:10-12		언약 역사에서 하나님을 드러내는 도구 및 전략
2	롬 3:1-2		유대인 - 한 책의 민족
3	롬 9:4-5		이스라엘이 맡은 8가지와, 이스라엘의 에센스·크라이막스인 그리스도께서 이스라엘을 통해 예언대로 나심
4	요 4:22 눅 24:47		유대인으로부터 예루살렘으로부터 시작된 이방인 선교 (복음 전파)

5	눅 21:24 사 11:11-12		이스라엘을 흩으심은 이방인의 구원을 위함이요, 이스라엘을 모으심은 주님 다시 오심을 예비하기 위함
6	사 66:8 롬 11:25-26		예언대로 하나님의 은혜 왕국 완성을 위해 이스라엘을 역사 전면에 다시 세우시고, 온 이스라엘이 구원받게 하실 것임
7	계 20:10 (골 2:14-15)		'다윗의 뿌리요 자손'이라 칭하신 예수님께서(계 22:16) 사탄을 불못에 던지심으로 구속사의 시작언약(창 3:15)을 최종적으로 완성하심(요일 3:8)

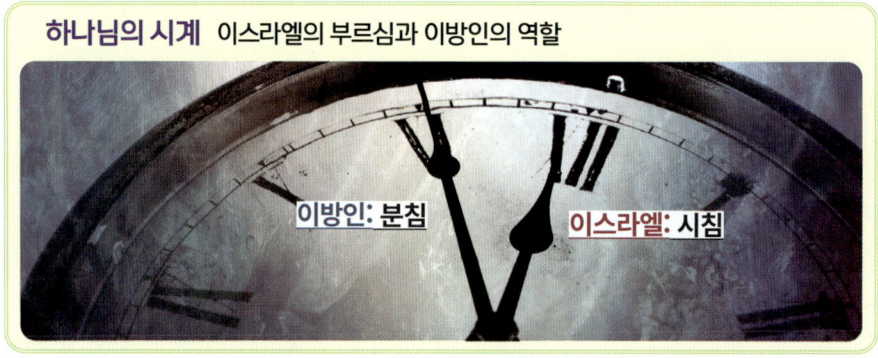

(3) 이스라엘의 역할은 구약으로 그 역할이 멈추었나요? 다음 구·신약 각각의 구절은 이스라엘에 관해 무엇을 말씀하고 있나요?

렘 31:35-37

롬 11:1, 29

(4) 2,000년이 지난 지금 위의 언약들은 오늘날 이스라엘에게 여전히 유효한가요? 그 근거는 무엇인가요?

> 창 17:7-8 씨(너 및 네 대대 후손)-**영원한** 언약, **땅**(가나안 온 땅)-**영원한** 기업
>
> 행 3:25-26

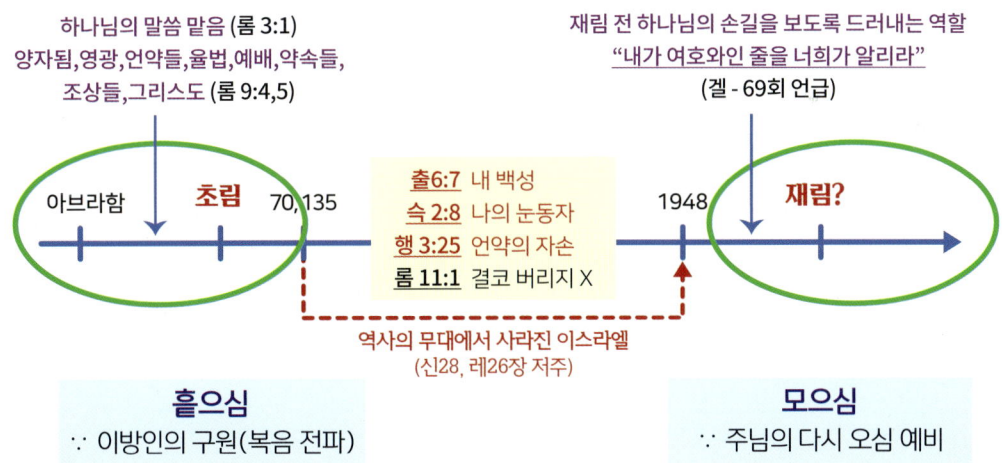

이스라엘의 부르심과 역할

하나님의 말씀 맡음 (롬 3:1)
양자됨, 영광, 언약들, 율법, 예배, 약속들, 조상들, 그리스도 (롬 9:4,5)

재림 전 하나님의 손길을 보도록 드러내는 역할
"내가 여호와인 줄을 너희가 알리라"
(겔 - 69회 언급)

아브라함 — **초림** — 70, 135 — 1948 — **재림?**

출6:7 내 백성
슥 2:8 나의 눈동자
행 3:25 언약의 자손
롬 11:1 결코 버리지 X

역사의 무대에서 사라진 이스라엘
(신28, 레26장 저주)

흩으심
∵ 이방인의 구원(복음 전파)

모으심
∵ 주님의 다시 오심 예비

"… 여호와께서 너희를 여러 민족 중에 **흩으실 것**이요… 목석의 신들을 섬기리라… 이 모든 일이 네게 임하여 환난을 당하다가 **끝날**에 네가 네 하나님 여호와께로 **돌아와서** 그의 말씀을 청종하리니… 네 조상들에게 맹세하신 **언약을 잊지 아니하시리라**" (신 4:27-31)

언약과 전쟁

사탄이라면 하나님의 언약 완성에 대해 어떤 반응을 보일까요?

에덴에서의 뱀의 미혹으로 인해 인간이 범죄하게 되었을 때, 하나님께서는 구속사의 시작언약에서 "여자의 후손과 사탄의 후손이 원수가 되게 하고, 여자의 후손은 사탄의 머리를 상하게 할 것이라"고 말씀하심으로 전쟁을 먼저 선포하셨습니다(창 3:15). 이 선언은 아브라함 언약 속에도 "네 씨가 그 대적의 성문을 차지할 것이라"(창 22:17)고 나타납니다. 예수님의 메시아 계보를 잇는 유다에 대한 이삭의 축복(예언)에서도 "네 손이 네 원수의 목을 잡을 것이요"(창 49:8)라고 사탄에 대한 전쟁이 있음을 강조합니다.

언약의 완성은 세상의 신이요(고후 4:4), 임금이며(요 16:11), 온 천하를 꾀는 자인(계 12:9) 사탄에게는 멸망이요 마지막을 의미함으로(계 20:2-3, 10) 이를 결사적으로 저지·대적하고자 할 것입니다. **언약의 역사**는 필연적으로 **전쟁의 역사**를 수반합니다. 하나님과 사탄의 전쟁이요, 하나님의 자녀들과 사탄을 추종하는 세력과의 전쟁입니다(계 12:12-13, 17). 눈에 보이는 전쟁 이면의 본질적인 영적 전쟁을 보는 분별력이 필요합니다(계 12:7a 하늘에 전쟁이 있으니, 엡 6:12).

요나단과 다윗의 언약 체결 모습은 그리스도와 언약을 맺는 자의 정체성과 삶의 양식의 변화를 보여줍니다(삼상 18:3, 4). 겉옷을 벗어줌은 상대를 자신과 동일한 정체성을 가진 자로 여기겠다는 의미입니다. 특히 요나단이 군복과 칼과 활을 준 것에 주목하십시오. 다윗의 적은 요나단의 적으로 다윗의 싸움에 요나단이 함께 하겠다는 의미입니다. 이는 또한 요나단의 싸움에 다윗도 함께 하라는 의미입니다. 예수 그리스도와 언약을 체결한 자에게는 필연적으로 사탄이라는 새로운 적이 나타납니다. 언약은 우리를 전쟁터로 이끌어 갈 것입니다. 우리의 정체성은 민간인이 아닌 군인입니다.

(1) 언약의 역사는 필연적으로 영적 전쟁을 수반합니다. 언약 속에 어떤 내용이 들어있기에 그럴까요?

창 3:15

창 22:17

참고 창 24:60 / 창 49:8

(2) 사탄의 입장이라면, 위 언약에 나타난 내용에 대해 어떤 반응을 보일까요?

계 12:12-13, 17

벧전 5:8

참고 슥 3:1, 계 12:10

(3) 요나단과 다윗의 다음 언약 체결 모습에서 발견할 수 있는 의미는 무엇인가요?

다윗과 요나단의 이별,
렘브란트, 1642

삼상 18:3-4

① 겉옷을 벗어줌 (갈 3:27 참조):

② 무기를 교환 (출 23:22 참조):

참고 성찬식 (고전 11:23-26)

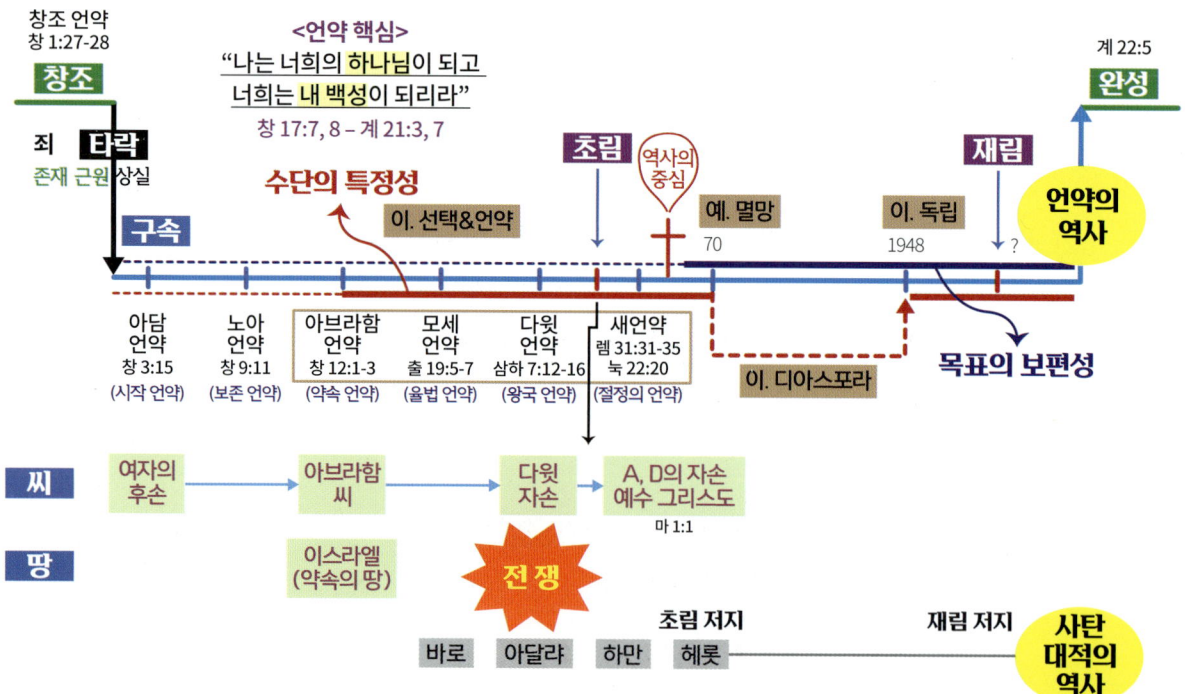

🔸 너를 축복하는 자에게는 내가 복을 내리고(창 12:3) 🔸

열방은 왜, 이스라엘을 위해 기도하고 축복해야 할까요?

하나님은 성경에 특별히 한 나라 이스라엘을 지명하여, 기도하라고 명령하십니다. "예루살렘을 위하여 평안을 구하라!"(시 122:6a). 이스라엘을 축복하는 그 결과에 대해서도 기록하여 보게 하십니다. "이스라엘을 축복하는(바라크, ברך) 자에게는 내가 복을 내리고(바라크, ברך), 이스라엘을 저주하는(칼랄, קלל 가볍게 여기는, 하찮게 여기는) 자에게는 내가 저주하리라(아라르, ארר)"(창 12:3; 민 24:9), "예루살렘을 사랑하는 자는 형통할 것이라"(시 122:6b), "이스라엘을 축복하는 것을 하나님이 선히 여기신다(여호와를 기쁘게 하는 것-현대인의 성경, 민 24:1)"고 말씀하십니다. '각자 나라를 위해 기도하기도 바쁜데, 웬 이스라엘?'이라고 말할 수 있을 것입니다. 하나님은 왜 굳이 이스라엘을 위해 기도하고 축복하라고 말씀하셨을까요?

하나님은 이스라엘을 통해 하나님의 역사를 운행하시기로 작정하셨기 때문입니다. 하나님은 이스라엘을 나의 백성(출 3:7), 나의 장자(출 4:22), 나의 군대(출 6:26), 나의 눈동자(슥 2:8) 등으로 표현하시고 이스라엘 땅과 혼인하였다고(사 62:4) 말씀하십니다. '예루살렘을 세워' 세상에서 찬송을 받으실 것이며, 이 일을 이루기까지 일하시는 하나님의 손을 쉬지 못하시도록 기도하라고까지 말씀하십니다(사 62:7). 이스라엘은 단순히 여러 나라 중의 하나가 아니요(민 23:9), 여호와께서 하나님이심을 알게 하는 증인(사 43:10)으로서의 역할을 부여받은 나라입니다.

이스라엘의 존속은 단순히 이스라엘에 관한 것이 아닌, 하나님의 존재 및 하나님의 전능하심과 신실하심을 증명하는 증거입니다. 오늘날 이스라엘의 존재는 하나님께서 언약을 잊지 않으셨고, 어기지 않으셨다는 분명한 표징(sign)입니다. 만약, 이스라엘이 끝났거나 이스라엘이 영원히 배제되었다면 나의 신앙에 심각한 문제가 발생합니다. 언약한 이스라엘을 버리실 수 있다면, 나와 교회도 버릴 수 있기 때문입니다. 칼빈은 로마서 11장과 관련하여 "유대인들을 배제한다면 그리스도는 온 세상의 구속자일 수 없다"고 말하며, 유대인들이 그리스도의 구속사역에 반드시 포함되어야 한다고 강조합니다. 로이드 존스는 이스라엘의 배제는 일시적인 배제요, 부분적인 배제라고 얘기하며 이스라엘의 회복을 강조했습니다. 이스라엘의 존재는 언약에 신실하신 하나님을 증거하는 것으로, 우리가 하나님을 신뢰할 수 있는 근거를 제공해줍니다.

사진으로 보는 이스라엘

〈사반, 예레미야의 고향 아나돗〉

잠 30:26 '땅에 작고도 가장 지혜로운 것 넷' 중에, "사반은 힘이 없는 종류지만, 바위 사이에 집을 짓는다"고 칭찬합니다. 아나돗 또한 작지만, 제사장들이 거주하는 마을이었습니다. 작고 약한 존재이나 하나님 아버지의 마음에 있는 것을 품고 살 길, "이스라엘을 축복하라"는 말씀에 지혜롭게 순종하길 다짐해 봅니다(창 12:3).

(1) 이스라엘과 관련하여 하나님께서 주신 명령과 축복은 무엇인가요?

창 12:3

민 24:1, 9

시 122:6

(2) 하나님께서는 왜 이러한 명령을 주셨을까요?

적용하기

1과에서 가장 기억에 남는 'one thing'은 무엇이며, 어떻게 실천할 건가요?

사진으로 보는 이스라엘

아네모네, 므깃도

이스라엘의 국화로 알려진 아네모네는, 봄이 되면 이스라엘 전역을 붉게 수놓은 친숙한 들꽃입니다. 예수님께서 "들의 백합화를 보라" 말씀하시며, 하나님이 돌보심과 그 손길의 아름다움을 말씀하셨을 때, 그 백합화가 바로 아네모네였을 가능성이 큽니다(마 6:28-29). 작은 들꽃을 입히시듯, 언약에 신실하신 하나님은 오늘도 그리고 완성의 날까지 하나님의 백성과 자녀를 그분의 영광으로 채우십니다.

1과 한 눈에 보기

② 언약의 핵심과 범위
"나는 너희의 하나님이 되고
너희는 내 백성이 되리라"
(창 17:7, 8 – 계 21:3, 7)

① 7대언약

창조 언약   "다스리라"
창 1:27-28

창조 복

"이는 그리스도 예수 안에서 아브라함의 복이
이방인에게 미치게 하고…" (갈3:14)

죄 **타락**
존재 근원 상실

초림

1. ③ **언약과 이스라엘** (성부 θ)

구속

유대인: 수단의 특정성

| 구약 대망 (메시아) | 아담 언약 창 3:15 (시작 언약) | 노아 언약 창 9:11 (보존 언약) | 아브라함 언약 창 12:1-3 (약속 언약) | 모세 언약 출 19:5-7 (율법 언약) | 다윗 언약 삼하 7:12-16 (왕국 언약) | 새언약 렘 31:31-35 눅 22:20 (절정의 언약) |

씨: 여자의 후손 → 아브라함 씨 → 다윗 자손 → A, D의 자손 예수 그리스도

땅: A+A자손 (약속의 땅)
창 15:18
출 12:48

④ 언약과 전쟁

⑤ 너를 축복하는 자에게는 내가 복을 내리고

초림 저지
바로   아달랴   하만   헤롯

Big Picture!
역사성

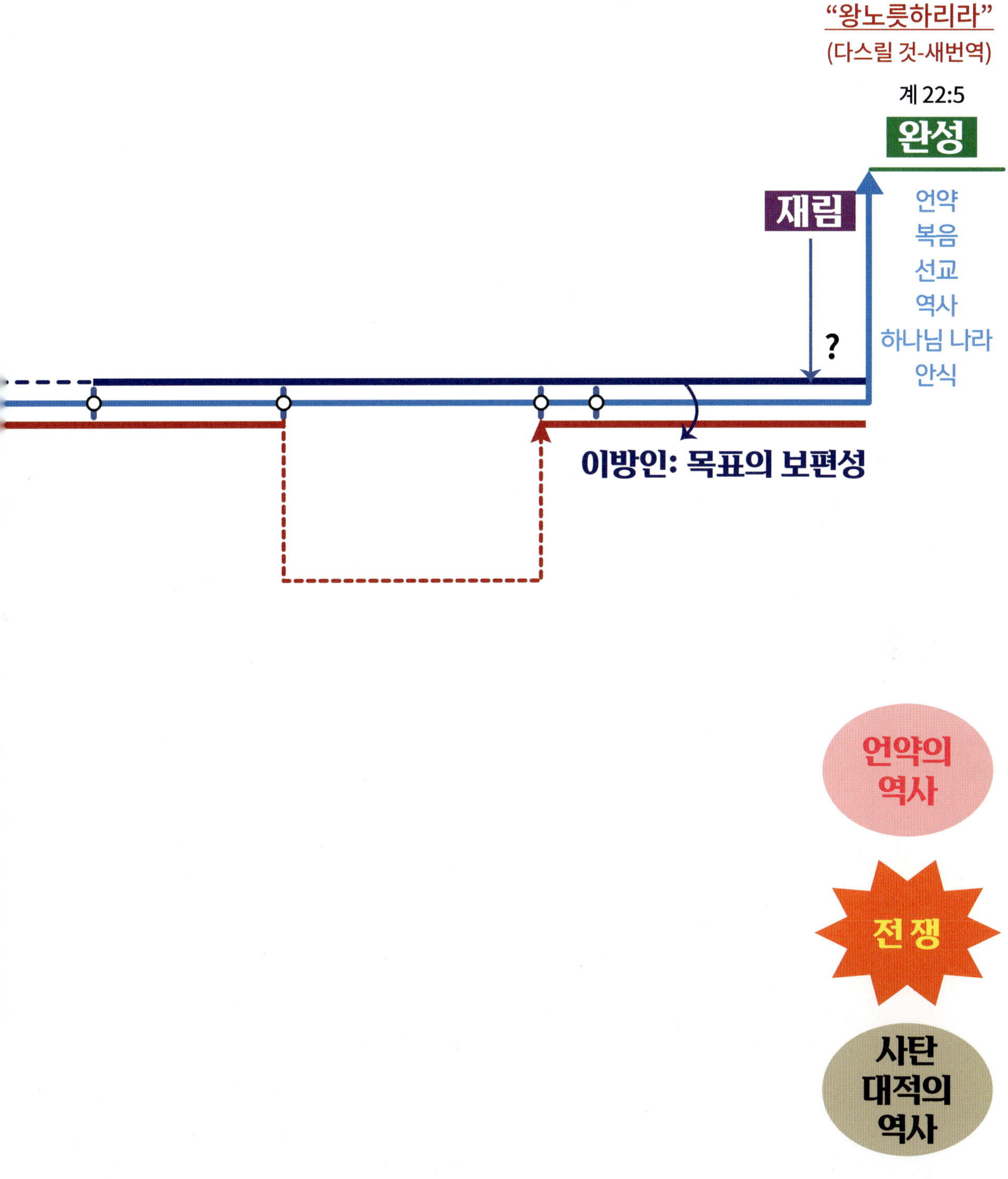

"왕노릇하리라"
(다스릴 것-새번역)

계 22:5

완성

재림

언약
복음
선교
역사
하나님 나라
안식

?

이방인: 목표의 보편성

언약의
역사

전쟁

사탄
대적의
역사

올리브나무, 겟세마네

올리브 나무는 예수님의 정체성과 사역, 메시아 언약의 성취를 상징하는 나무입니다. 왕과 제사장, 선지자에게 기름을 부을 때 사용된 올리브 기름은, 메시아(기름부음 받은 자)의 이미지를 떠오르게 합니다. 특히 겟세마네, 곧 '기름 짜는 틀'이라는 뜻을 가진 그 곳은, 예수님께서 십자가를 앞두고 땀이 핏방울처럼 되기까지 기도하신 장소입니다(눅 22:44). 또한 사도 바울은 예수님을 뿌리로 하여 유대인과 이방인을 접붙인 비유에 이 올리브나무를 사용합니다(롬 11:17). 올리브나무는 메시아의 고난과 승리, 언약의 성취, 그리고 유대인과 이방인이 함께 누리는 구원의 은혜를 상징합니다.

The Highways to Zion, The Glory of Zion

제 2 과

메시아 언약의 성취: 유대인의 왕 예슈아

1. 메시아 언약의 성취

2. 유대인의 왕으로 나신 예슈아

3. 유대인의 왕으로 죽으신 예슈아

4. 메시아를 배척한 예슈아의 백성

5. 어머니의 백성이 나의 백성이 되고 (룻1:16)

제 2 과

메시아 언약의 성취: 유대인의 왕 예슈아

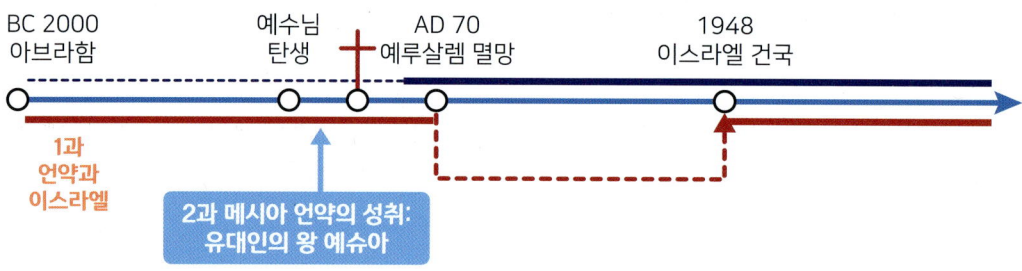

예수님(ישוע, 예슈아: 예수님의 히브리어 이름)은 하나님의 언약 성취의 절정입니다. 예수님은 만왕의 왕이시나, 또한 유대인의 왕으로 나시고 죽으신 '**유대인의 왕**'이십니다. 이는 하나님의 구속사 큰 그림을 이해함에 있어 중요한 개념입니다. 1과에서 하나님의 언약의 역사가 유대인과 이방인의 개념으로 나뉘어 전개된 것을 염두에 두며, 2과에서는 예수님께서 '유대인의 왕'이요 만왕의 왕이라는 개념 또한 균형있게 이해하도록 공부해 보겠습니다. 십자가만이 아니라 '십자가의 명패'까지 눈에 들어오게 되길 바랍니다. 2과를 통해 **성자 하나님**을 더 깊이 느끼게 되시길 바랍니다.

주제 말씀 암송

이사야 53:5-6

⁵그가 찔림은 우리의 허물 때문이요 그가 상함은 우리의 죄악 때문이라 그가 징계를 받으므로 우리는 평화를 누리고 그가 채찍에 맞으므로 우리는 나음을 받았도다 ⁶우리는 다 양 같아서 그릇 행하여 각기 제 길로 갔거늘 여호와께서는 우리 모두의 죄악을 그에게 담당시키셨도다

요한복음 19:19-20

¹⁹빌라도가 패를 써서 십자가 위에 붙이니 나사렛 예수 유대인의 왕이라 기록되었더라 ²⁰예수께서 못 박히신 곳이 성에서 가까운 고로 많은 유대인이 이 패를 읽는데 히브리와 로마와 헬라 말로 기록되었더라

생각 열기

(151장) 만왕의 왕 내 주께서

1. 만왕의 왕 내 주께서 왜 고초 당했나 이 벌레 같은 날 위해 그 보혈 흘렸네
2. 주 십자가 못 박힘은 속죄함 아닌가
3. 늘 울어도 그 큰 은혜 다 갚을 수 없네

(80장) 천지에 있는 이름 중

1. 천지에 있는 이름 중 귀하고 높은 이름 주 나시기 전 지으신 구주의 이름 예수
2. 주 십자가에 달릴 때 명패에 쓰인 대로 저 유대인의 왕이요 곧 우리 왕이시라

두 찬송에 나타난 예수님의 호칭에는 어떤 차이가 있나요?

1 메시아 언약의 성취

마태복음 1:1은 정말 놀라운 구절입니다. **메시아**의 오심에 대한 구약의 핵심을 짧지만 정제된 한 문장으로 요약·선포하고 있기 때문입니다. 창세기 3:15에서 언약된 메시아는 여인의 후손으로, 아브라함의 자손으로, 다윗의 자손으로 오셔야만 되며, 마태복음 1장은 이 '씨'에 대한 예언이 **예수님**에게서 이루어졌음을 선포합니다. 마태복음 2장은 공간적으로 베들레헴에서 나심으로 '땅'에 대한 예언이 이루어졌음을 선포합니다. 예수님에 관한 초림 예언은 모두 성취되었으며, 동일하게 다시 오심에 관한 예언도 성취될 것입니다.

(1) 구약의 메시아에 대한 언약 성취를 선포함으로 시작되는 신약의 첫 문장은 무엇인가요?

> 마 1:1

(2) 메시아가 오실 장소에 대한 예언 또한 성취되었나요?

> 마 2:1

(3) 위 예언 성취에 관한 내용은 나에게 어떤 생각을 갖게 하나요?

유대인의 왕으로 나신 예슈아

예수님의 정체성에 대해 우리가 놓치고 있는 부분이 있습니다. 성경은 분명히 언급하고 강조하고 있음에도 많은 그리스도인들이 망각하거나 무관심했던 '유대인의 왕'이란 주제입니다. 복음서 기자들은 예수님이 **'유대인의 왕'으로 나셨음**을 분명하게 강조하고 있습니다. 만왕의 왕이란 개념과 더불어 유대인의 왕이심을 기억해야 합니다. 이는 하나님의 '구속사 전개 방식'과 이에 따른 '성경 역사 서술 방식'의 이해에 있어서도 매우 중요합니다. 바울이 로마 성도들에게 보내는 편지에서 유대인과 나머지로 양분하여 서술하고 있음을 떠올려보시기 바랍니다. 이는 예수님께서 "구원이 유대인에게서 남이라"(요 4:22) 말씀하신 것과, 비록 2,000여 년 동안 이스라엘이 역사의 무대에서 사라진 것처럼 보이나 하나님의 구속사 마지막 시즌에 "온 이스라엘이 구원을 얻으리라"(롬 11:26a) 예언하고 있는 큰 그림과도 연결됩니다. 예수님은 만왕의 왕이심과 동시에 '유대인의 왕'이심을 결코 놓치지 않아야 겠습니다.

목자들의 예배, 렘브란트, 1646 ▶

(1) 예수님의 탄생 기사에서 동방박사, 천사, 시므온이 예수님을 '유대인의 왕'으로 인식하고 있음을 어떻게 드러내고 있나요?

마 2:2 동방박사가 헤롯왕에게:

눅 1:33 천사가 마리아에게:

눅 2:31-32 시므온이 아이를 안고 부모가 듣도록:

누가복음 2:28-32

²⁸시므온이 아기를 안고 하나님을 찬송하여 이르되 ²⁹주재여 이제는 말씀하신 대로 종을 평안히 놓아 주시는도다 ³⁰내 눈이 주의 구원을 보았사오니 ³¹이는 만민 앞에 예비하신 것이요 ³²이방을 비추는 빛이요 주의 백성 이스라엘의 영광이니이다 하니

시므온의 노래, 렘브란트, 1669 (생의 마지막 해에 남긴 미완성 유작)

(2) 이사야 선지자의 메시아 예언에서, 예수님을 '유대인의 왕'으로 드러내는 부분은 무엇인가요?

사 9:6-7

(3) 예수님은 꼭 유대인으로 나셔야만 하셨나요? 자신의 생각을 적어보세요.

(4) 다음 구절들은 예수님이 유대인으로 나셔야만 하는 근거를 어떻게 뒷받침하나요?

미 5:2

슥 9:9

마 1:1

갈 4:4-5

> **사진으로 보는 이스라엘**
>
>
>
> **〈시험산, 유대 광야〉**
>
> 예수님께서 금식하시고 시험을 받으신 장소로 여겨지는 유대 광야. 세례 요한이 "회개하라 천국이 가까이 왔느니라." 전파했던 곳 또한 유대 광야입니다(마 3:1). 하나님과 만남·훈련의 장소에서 구속의 역사가 새롭게 시작되는 것을 보게 됩니다. 광야 가운데 십자가가 돋보이네요. "십자가로 그들을 이기셨느니라."(골 2:15)

유대인의 왕으로 죽으신 예슈아

예수님은 유대인의 왕으로 나셨고, 죽으실 때도 **유대인의 왕으로 죽으셨습니다**. 만왕의 왕이시며 심판주이시나, **초림** 때의 예수님은 이사야 53장이 예언한 대로 **'고난의 종'**으로, 세상 죄를 지고 가는 하나님의 어린양으로(요 1:29), 하나님과 인간의 관계 회복을 위한 대속제물로 자기를 낮추시고 죽기까지 복종하심으로 십자가에 죽으셨습니다(빌 2:6-8). 유대인들은 메시아가 심판하시는 강력한 왕으로 오실 것이라는 메시아관을 갖고 있었기에(단 2:34-35), 고난받는 메시아관을 결코 인정하지 않으며, 아직도 메시아가 오지 않았다고 완고하게 믿고 있습니다.

> **한 걸음 더**
>
> "십자가는 왕의 대관식이라 할 수 있다. 요한은 예수님의 십자의 죽음을 '영광'이라고 표현하였다(요 12:16, 23, 28). **F. F. Bruce**는 이를 가리켜 '그리스도는 가장 불쾌한 도구인 십자가를 영광의 보좌로 바꾸었다'고 말했다. **John Calvin**은 '빌라도는 보이지 않는 손에 의해 복음의 선포자 역할을 하였다'고, **Arthur Pink**는 '빌라도는 몰랐지만 그는 천국의 서기 역할을 하였다'고 말하였다."

(1) 성경은 예수님을 '만왕의 왕'이라 말합니다(계 19:16). 그 외에 4복음서 저자 모두가 십자가 죽음에 관한 기사 기록을 통해 특별히 드러내고자 했던 예수님의 정체성은 무엇인가요?

마 27:37

막 15:26

눅 23:38

요 19:19

(2) 4복음서의 저자가 십자가의 '명패'를 통해 강조하고자 했던 '유대인의 왕'이라는 말씀은 나에게 어떤 변화(생각, 태도, 행동 등)를 요구하고 있나요?

2과 메시아 언약의 성취: 유대인의 왕 예슈아 · 49

(3) 예수님은 유대인의 왕으로 나시고, 죽으셨습니다. 이에 더하여 요한이 기록한 두 구절은 예수님이 왕으로 '사셨던' 삶을 어떻게 드러내고 있나요?

요 12:12-15

요 18:33, 37

(4) 하나님의 이름 '여호와'를 히브리어로 'יהוה'라고 적습니다. 다음 관련된 글을 읽고 느껴진 것들을 적어보세요.

"출 3:15에서 하나님은 하나님의 이름을 '여호와'라고 말씀하시며 "이는 나의 영원한 이름이요 대대로 기억할 나의 칭호"라고 언급하셨습니다. '여호와(יהוה)'라는 엄위하신 하나님의 이름을 유대인들은 함부로 부를 수 없다고 여겨 '아도나이'라고 읽습니다. 여호와의 이름을 구성하는 히브리어 알파벳 요드'י'는 '손'을 의미하며, 헤이'ה'는 Behold! '보라'는 의미입니다. 바브'ו'는 '못'을 말하며, 마지막 헤이'ה'는 앞서 말한대로 '보라'는 뜻입니다. 이를 연결하면, '손을 보라, 못을 보라'는 의미입니다. 무엇이 떠오르시나요?

메시아를 배척한 예슈아의 백성

2,000년을 기다려왔던 메시아 예수님을 유대인들은 십자가에 못박아 죽게하였습니다. **자기 땅에 오신 자신들의 왕을 죽게한 것입니다**(요 1:11). 눈이 어두워진 종교지도자들과 백성들은 암탉이 그 새끼를 날개 아래에 모음 같이 그 자녀를 모으려 하신 예수님을 '원치 않았고' 인정하지 않았으며, 결국 이방인의 손을 빌어 십자가에 못 박았습니다. 이는 그들의 부인할 수 없는 '**큰 죄**'라고 예수님은 말씀하셨습니다. 한편 여기에는 유대인의 '눈을 가리우신' 하나님의 예정된 **섭리**가 있었습니다. 이스라엘의 넘어짐으로 구원이 이방인에게 이르게 하기 위한 하나님의 섭리입니다. 이로 인해 AD 70년 예루살렘의 멸망 이후 그들의 땅은 황폐화되고(마 23:38), 유대인들은 모든 이방에 사로잡혀 가고, 예루살렘은 이방인들에게 밟히며(눅 21:24), 칼이 떠나지 않는(레 26:33) 많은 핍박을 받게 되었습니다. 하지만 십자가 사건은 유대인만이 아닌, 이방인이 가담하였으며, 우리 죄가 예수님을 십자가에 죽게 했으며, 이는 예수님의 자원하심과, 하나님의 허용하심이 만나는 **전 우주적 사건**입니다. 이방 그리스도인들이 유대인을 '유일한' Christ-Killer라 부르며, 주요 사건이 있을 때마다 유대인을 희생양으로 삼는 일은 결코 옳지 않습니다. 이는 사탄에 의해 조장된 뿌리 깊은 반유대주의에 기인함을 알아야 합니다.

(1) 다음 구절에서 요한은 '왕이신 예수님의 배척당하심'을 어떻게 표현하고 있나요?

> 요 1:11 "　　　　　　에 오매　　　　　　이 영접하지 아니하였으나…"

(2) 예수님을 영접하지 않는 것은 죄입니다. 유대인들 스스로가 그들의 죄악으로 예수님을 배척한 사실에 대해 마태는 어떻게 표현하고 있나요?

> 마 23:37
>
> 참고　사 53:6 / 사 59:1-2

(3) 유대인들이 메시아를 영접하지 않은 배경에는 유대인의 죄뿐만 아니라 이방인을 위한 '하나님의 섭리'도 작동하고 있었습니다. 다음 구절은 이를 어떻게 뒷받침하고 있나요?

> 롬 11:8, 11
>
> 참고　마 13:13-15 / 눅 19:41-42

(4) 역사적으로 유대인들은 '메시아를 죽인(Christ-Killer)' 민족이라는 오명을 갖고 있습니다. 성경도 이를 인정합니다. 예수님은 이에 관하여 무엇이라 말씀하셨나요?

> 요 19:11

(5) 유대인이 예수님을 죽인 것은 사실입니다. 그 죄 또한 크다고 말합니다. 그럼에도 성경은 십자가 사건이 유대인 홀로가 아닌 '전 우주적 사건'임을 세밀하게 밝히고 있습니다. 다음 각 구절들은 예수님의 십자가 사건에 대해 어떻게 말하고 있나요?

눅 23:12

눅 23:24-25

막 15:16-20

요 13:2

요 10:17-18

사 53:5

사 53:6

(6) 메시아를 영접하지 않은 죄로 인하여 유대인들은 어떤 결과를 얻게 되었나요?

마 23:38

눅 21:24

마 23:39

어머니의 백성이 나의 백성이 되고 (룻 1:16)

그렇다면, 예수님을 배척하고 십자가에 못박아 죽인 유대인들은 이제 끝인가요? 하나님은 그들을 버리셨고 그들의 역할은 더 이상 없는 건가요? 성경은 이에 대해 어떻게 말할까요? 바울은 이 문제에 대해 로마 형제들에게 보낸 편지에서 "그럴 수 없느니라"고 말합니다. "하나님의 은사와 부르심에는 후회하심이 없다"고 즉 철회될 수 없는(irrevocable) 것이라고 강조합니다. 하나님은 순종하지 않고 거슬러 말하는 백성에게 종일 손을 벌리고 기다리고 계십니다. 이것이 이방 그리스도인들인 우리에게도 소망이 됩니다. 만약 하나님께서 **언약 관계로 맺으신 이스라엘**을 버리실 수 있다면, 또한 우리도 교회도 버리실 수 있을 것이기 때문입니다.

이스라엘은 2,000년 전 자기 땅에 오신 자기의 왕을 영접하지 않았습니다. 그러나 영접하는 자 곧 그 이름을 믿는 자에게는 하나님의 자녀가 되는 권세를 주신다고 했습니다(요 1:12). 예수님은 지금도 유대인의 왕으로 자기 백성을 사랑하시고 마지막 시즌에 구원하시길 원하십니다. 예수님의 마음이 그러하시다면 우리는 어떻게 해야 할까요? **룻처럼** '이스라엘의 하나님이 나의 하나님'이라는 고백을 넘어, 이제는 **'당신의 백성이 나의 백성이 되고'라는 고백까지** 나아가야 하겠습니다. 이것이 예수님께서 '만왕의 왕'만이 아닌 '유대인의 왕'이라는 말에 담긴 깊은 의미입니다. 구속사의 큰 그림을 보십시오.

(1) 예수님을 영접하지 않은 백성인 유대인들을 하나님은 버리셨을까요?

롬 11:1, 29

참고 사 49:15

(2) 이스라엘의 불순종에도 불구하고, 이스라엘을 향한 하나님의 인내와 사랑을 성경은 어떻게 표현하고 있나요?

롬 10:21

요 1:12

(3) 이스라엘이 인정하든 인정하지 않든 예수님은 여전히 '유대인의 왕'이십니다. 유대인을 여전히 자기 백성으로 사랑하고 있다는 사실은, 이방인인 나에게 어떤 마음과 행동을 갖게 하나요? 이방인 룻의 고백은 나에게 어떤 도전을 주나요?

룻 1:16

'룻 (רות)' : 우정, 동반자, 친구

이삭을 줍는 룻, 제임스 티소, 1896-1902, 유대인박물관

적용하기

2과에서 가장 기억에 남는 'one thing'은 무엇이며, 어떻게 실천할 건가요?

사진으로 보는 이스라엘

백장미, 갈멜산

엘리야가 갈멜산에서 바알 선지자들과 대결하여 승리한 것처럼(왕상 18장), 갈멜산에 피어 있는 백장미는 우리의 원수요 대적인 마귀의 머리를 밟으시고, 십자가로 승리하신 예수님의 거룩함과 회복을 떠올리게 합니다(골 2:14-15). 가시 가운데서 피어난 이 백장미는, '고난의 종'으로 오셔서 십자가에 죽으시고 부활하심으로 능력으로 하나님의 아들로 선포되신 예수 그리스도를 연상케 합니다(롬 1:4).

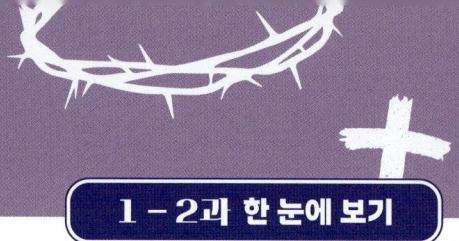

1 – 2과 한 눈에 보기

① 7대언약

창조 언약
창 1:27-28   "다스리라"

② 언약의 핵심과 범위
"나는 너희의 하나님이 되고
너희는 내 백성이 되리라"
(창 17:7, 8 – 계 21:3, 7)

창조 복

"이는 그리스도 예수 안에서 아브라함의 복이
이방인에게 미치게 하고…" (갈 3:14)

죄 타락
존재 근원 상실

초림

1. ③ **언약과 이스라엘** (성부 θ)

구속

유대인: 수단의 특정성

| 구약 대망 (메시아) | 아담 언약 창 3:15 (시작 언약) | 노아 언약 창 9:11 (보존 언약) | 아브라함 언약 창 12:1-3 (약속 언약) | 모세 언약 출 19:5-7 (율법 언약) | 다윗 언약 삼하 7:12-16 (왕국 언약) | 새언약 렘 31:31-35 눅 22:20 (절정의 언약) |

씨: 여자의 후손 → 아브라함 씨 → 다윗 자손 → A, D의 자손 예수 그리스도
(성자 θ)

땅: A+A자손 (약속의 땅) 창 15:18 / 출 12:48

2. ① **메시아 언약의 성취: 유대인의 왕 예슈아**
② 나심 사시고 T, P, H / 전도: 하나님나라, 제자 ③ 죽으심
④ 메시아를 배척한 예슈아의 백성
⑤ 어머니의 백성이 나의 백성이 되고 (제2의 룻)

"구약의 모든 내용은 예수 그리스도에게로"

④ 언약과 전쟁
⑤ 너를 축복하는 자에게는 내가 복을 내리고

초림 저지: 바로 / 아달랴 / 하만 / 헤롯

Big Picture!
역사성

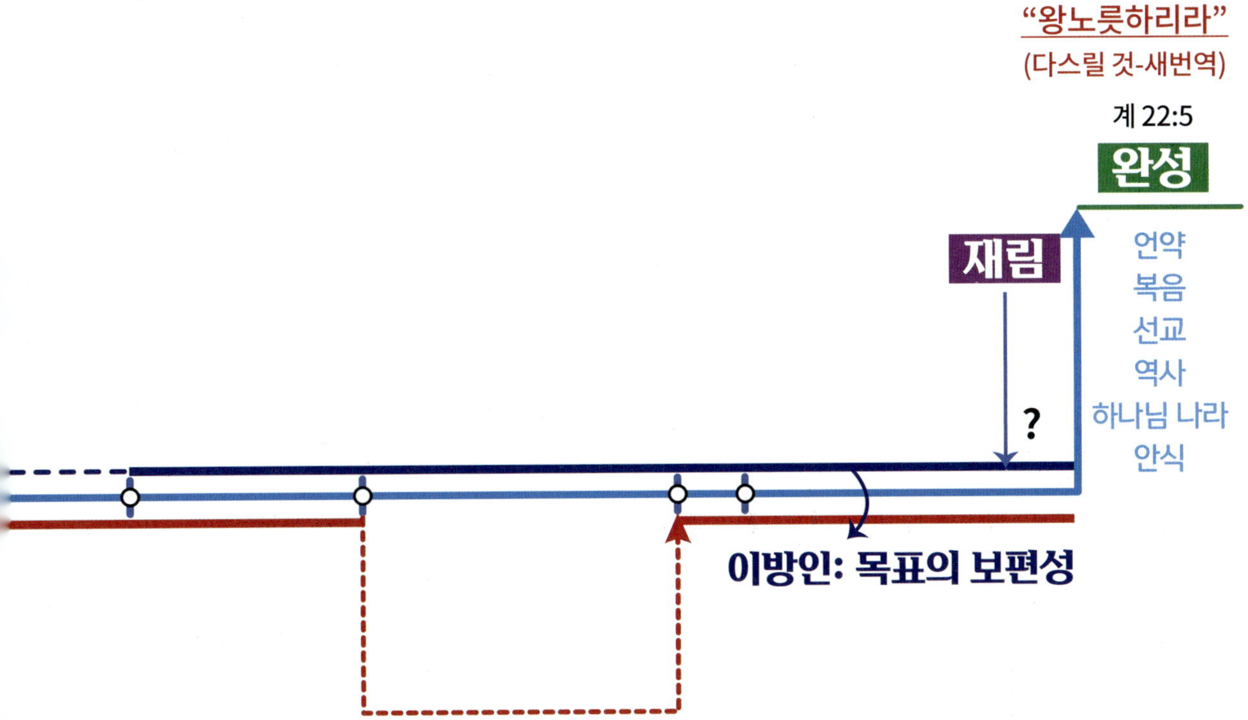

"왕노릇하리라"
(다스릴 것-새번역)

계 22:5

완성

재림

언약
복음
선교
역사
하나님 나라
안식

?

이방인: 목표의 보편성

언약의 역사

전쟁

사탄 대적의 역사

흘러 들어가고, 예수 그리스도로부터 신약의 모든 내용이 흘러나온다"

나무 그늘 아래 게디, 네게브

성경에서 '목마른 사슴'(시 42:1)으로 번역된 '게디'는 실제로는 네게브와 유대 광야에 서식하는 광야 염소입니다. 이 척박한 지역에서 물을 찾아 헤메는 게디처럼, AD 70년 이후 디아스포라 된 이스라엘은 약 1,900년의 광야 같은 세월을 목말라하며 회복을 고대했습니다. 그렇게 오랜 시간 동안에도 하나님은 '나무 그늘'처럼 그들을 지키시고 보존하셨습니다(시 121:5).

The Highways to Zion, The Glory of Zion

제 3 과

초대교회와 이스라엘의 디아스포라

1. 유대인의 예루살렘교회

2. 유대인과 이방인의 안디옥교회

3. 유대인의 디아스포라: 역사에서 사라진 이스라엘

4. 이방 교회의 대체관점과 반유대주의

5. 이스라엘의 남은 자를 구원하소서 (렘 31:7)

제 3 과
초대교회와 이스라엘의 디아스포라

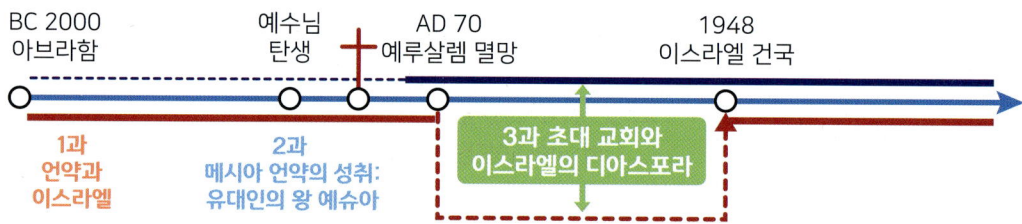

이스라엘의 디아스포라! 그 고난의 역사에 대해 알고 계시나요? 초대교회 당시 이스라엘의 믿는 유대인들은 예수님의 지상명령을 따라 유대인들과 이방인들에게까지 복음을 전파하였고 그 결과 교회는 부흥하였습니다. 하지만 종교지도자들을 비롯한 이스라엘은 하나님이 보내신 메시아와 그의 복음을 거부하였습니다 (마 23:37). 결국 "너희 집이 황폐하여 버려진 바 되고, 이방에 사로잡혀 가리라"는 예언대로(마 23:38; 눅 21:24) 이스라엘은 AD 70년 이후 열방으로 흩어지게 됩니다. 물론 이스라엘을 흩으심에는 이방의 구원과 병행되는 하나님의 예정된 섭리가 있었습니다. 이때 교회는 복음의 빚진 자로 이스라엘을 선대 해야 했건만, 이스라엘에 무관심했고 나아가 오히려 핍박을 하였습니다. 하지만 그들 가운데는 성경 연구를 통해 예언된 이스라엘의 회복을 믿고 이스라엘을 향하여 분명하게 서 있는 자들도 있었습니다. 이번 과에서는 초대교회의 모습과 이스라엘의 디아스포라 이야기 속으로 들어가 보겠습니다. 3과를 통해 **성령 하나님**을 더 깊이 느끼게 되시길 바랍니다.

주제 말씀 암송

이사야 6:11-12

¹¹내가 이르되 주여 어느 때까지니이까 하였더니 주께서 대답하시되 성읍들은 황폐하여 주민이 없으며 가옥들에는 사람이 없고 이 토지는 황폐하게 되며 ¹²여호와께서 사람들을 멀리 옮기셔서 이 땅 가운데에 황폐한 곳이 많을 때까지니라

누가복음 21:24

그들이 칼날에 죽임을 당하며 모든 이방에 사로잡혀 가겠고 예루살렘은 이방인의 때가 차기까지 이방인들에게 밟히리라

생각 열기

콜로세움, 이탈리아 로마
유대인들의 성전에서 가져온 황금과 부를 사용
10만 명의 유대인 노예들이 동원되어 건축
황제 베스파시아누스 시작(72),
티투스 완공(80)

베니스의 상인, 셰익스피어 저
1516년 베네치아공화국에 최초의 공식적·법적 강제를 통해 설립된 게토 배경, 유대인 차별과 편견 반영

다음 자료가 유대인과 관련된 것임을 알고 있었나요? 어떤 생각이 들었나요?

유대인의 예루살렘교회

성경에서 보여준 최초의 교회는 어떤 교회일까요? 바로 **오순절 성령 강림 사건**을 계기로 탄생한 예루살렘교회입니다. 행 1:8 예언대로 '성령'이 임하심으로 '**권능**'을 받은 유대인 제자들은 성령 충만함으로 오직 **유대인만을 대상으로 전도**했습니다. 그들의 메시지는 '부활하신 예수님이 메시아'이시며, '회개하고 예수님을 믿음으로 죄사함을 받고 구원을 얻으라!' 였습니다. 베드로의 이와 같은 담대하고도 기탄없는 전도로 당일에 삼천 명이 영접하였고(행 2:41), 제자의 수는 더 심히 많아졌으며 허다한 제사장의 무리까지 복음의 진리에 복종하는 등 **예루살렘교회는 부흥**하였습니다(행 6:7). 하지만 스데반의 순교로 말미암은 **큰 박해**로 성도들은 **유대와 사마리아 모든 땅으로 흩어져 복음을 전하게** 되었습니다(행 8:2). 그 결과 **온 유대와 갈릴리와 사마리아 교회**가 평안하여 든든히 서 가고 그 수도 많아지게 되었습니다(행 9:31).

(1) 예수님께서는 부활 후 40일 동안 사도들에게 '하나님 나라'의 일을 말씀하셨고, 예루살렘을 떠나지 말고 아버지께서 약속하신 것을 기다리라고 했습니다. 아버지께서 약속하신 것은 무엇인가요?

> 행 1:5

(2) "이스라엘 나라를 회복하심이 이 때니이까?" 사도들의 질문에, 예수님은 "때와 시기는 아버지께서 자기의 권한에 두셨으니 너희의 알 바 아니요."라고 답하시면서 다음의 명령을 주셨습니다. 빈칸을 채워 예수님의 명령을 완성하세요.

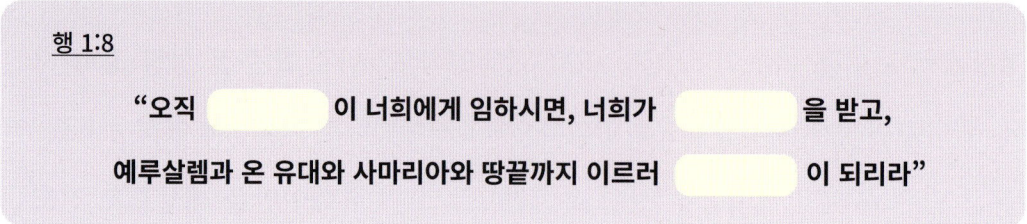

행 1:8

"오직 _____ 이 너희에게 임하시면, 너희가 _____ 을 받고, 예루살렘과 온 유대와 사마리아와 땅끝까지 이르러 _____ 이 되리라"

(3) 오순절 날에 약 120명의 무리가 다 '성령의 충만함'을 받고(행 2:4), 예루살렘에 모여든 자들의 난 곳 방언으로 '하나님의 큰 일'을 말하였습니다(행 2:11). 베드로는 요엘서를 인용하며, 사람들이 보고 듣는 이 일에 관하여 무엇이라 말하고 있나요?

행 2:17-18, 33

▲ 오순절 (Die Bibel in Bildern 그림으로 보는 성경), 율리우스 슈노르 폰 카롤스펠트, 1860

(4) 행 1:8 예언대로 성령의 권능을 받은 베드로는 증인으로서 어떤 내용을 증언하고 있나요?

행 2:32

행 2:36

(5) 욜 2:32(행 2:21) 예언에 근거하여 베드로는 자신의 메시지를 통해 무엇을 촉구하고 있나요?

행 2:38, 40

(6) 베드로의 오순절 복음 전파 결과를 누가는 어떻게 기록하고 있나요?

행 2:41-42

(7) 베드로가 증언한 내용 중에 포함되고 있는 중요한 내용은 무엇인가요?

행 3:20-21

(8) 예루살렘교회의 부흥에 대해 다음 구절은 무엇이라 말하고 있나요?

행 6:7

(9) 예루살렘교회를 중심으로 예수님의 명령(행 1:8)이 성취되어 감을 사도행전은 어떻게 기록하고 있나요?

행 8:1, 4 / 5, 12, 17 / 27, 35

(10) 사도행전 9장에서 누가는 이방인의 사도인 바울의 회심과 성령 충만하게 하심(9:17) 및 다메섹 회당에서와 예루살렘에서의 전도에 관하여 기록합니다. 그리고 9장 마지막 절에서 예루살렘에서 시작된 교회 부흥의 기록을 어떻게 마무리 짓고 있나요?

행 9:31

유대인과 이방인의 안디옥교회

사도행전 역사서에서 발견할 수 있는 신약의 중요한 분수령은 어디일까요?

구약의 경우 유대인과 이방인이 구분되며 구속사의 새로운 전략이 제시되는 창세기 12장 아브라함 사건이라면, 신약은 **유대인과 이방인이 하나 되는 사도행전 11장**이라 할 수 있습니다. 아브라함 이후 2,000년이 지난 시점입니다. 빌립에 의한 에디오피아 내시 전도(행 9장), 베드로에 의한 고넬료의 친척·친구들 전도와 성령 부으심 사건(행 10장) 이후 예루살렘교회는 하나님이 이방인에게도 생명 얻는 회개를 주셨다는 것을 인정하게 됩니다(행 11:18). 그 때에, 스데반의 일로 일어난 환난으로 흩어진 자들이 안디옥까지 이르러 **유대인에게만 복음을 전하다가** 그 중 몇 사람이 **헬라인에게도 전도**하게 되고, 주의 손이 그들과 함께 하셔서 **수많은 이방인이 믿고 주님께 돌아오게** 됩니다. 즉, 유대인과 이방인이 함께 하는 안디옥교회가 탄생한 것입니다.

▲ 에디오피아 내시에게 세례를 베푸는 장면, 렘브란트, 1626

안디옥교회는 '이방인과 교제하며 가까이 하는 것은 위법이다', '하나님은 유대인만 받으신다'는 전통적 사고에 매어(행 10:28, 35) 이방인을 멀리하고 유대인에게만 전도하던 데서(행 11:19) 대전환이 일어남으로 탄생한 교회입니다. 많은 장점이 있는 교회로 오늘날 '초대교회로 돌아가자!'고 외칠 때 모델로 삼는 교회입니다. 즉, 평신도의 자발적 전도로 세워진 교회이며, 양적 성장만이 아닌 제자 훈련으로의 질적 성장까지 이룬 교회, 처음으로 그리스도인이라 일컬음을 받은 교회, 성령님의 음성에 민감한 교회, 세계 선교가 처음으로 시작된 교회 등의 특징이 있습니다. 더불어 안디옥 교회처럼 되고 싶어하면서도 **놓치고 있는 부분인 '유대인과 이방인이 하나된'**, 에베소서의 표현으로 하면 **'한 새 사람**(one new man)**'**을 이룬 교회입니다(엡 2:15).

> **사진으로 보는 이스라엘**

《야누시 코르착 상, 야드바셈(홀로코스트박물관)》

폴란드 유대인 교육자이자 의사였던 야누시 코르착(Janusz Korczak)은 바르샤바 게토의 유대인 고아들을 위한 고아원을 운영하며 아이들을 존엄한 존재로 대우하는 교육철학을 실천했습니다. 1942년 8월 나치가 아이들을 트레블링카(Treblinka) 절멸 수용소로 강제 이송할 때, 코르착은 아이들과 함께 가기를 선택했습니다. 나치 장교들은 그의 명성과 영향력을 고려하여 그를 제외하려 했지만, 그는 아이들을 혼자 보낼 수 없다며 거절했습니다. 아이들의 보호자로 마지막 순간까지 함께 하며, 그는 그들의 손을 잡고 노래를 부르며 가스실로 향했습니다. 당신은 이스라엘의 친구입니까?

(1) 안디옥에서 어떠한 역사적 사건이 일어나게 되었나요? 각 구절을 자세히 분석해 보세요.

행 11:19-21
19절 :

20절 :

21절 :

(2) 오늘날 '초대교회로 돌아가자' 외칠 때, 안디옥 교회를 모델로 하는 교회가 많습니다. 안디옥 교회가 모델이 될만한 특징으로 어떤 것이 있나요? 관찰된 것을 있는대로 적어 보세요.

행 11:19-29, 12:25, 13:1

(3) 사도행전 15장에 이르면, 안디옥 교회가 예루살렘 교회와는 다른 특성상 새로운 문제가 발생합니다. 어떠한 문제인가요?

행 15:1-2a

> 사도행전 15장이 교회 역사에 있어 갖게 되는 결정적 중요성은 무엇일까요? 사도행전 15장은 이방 그리스도인들에게 '주 예수님의 은혜로 받는 구원'이란 **본질적인 원칙을 분명히 하면서, 요긴한 것 외에는 율법의 멍에를 지게 하지 않기로 결정한 역사적 결정**을 기록하고 있습니다. 성령님의 인도하심을 받은(행 15:28) 이같은 결정은 **이방인에게 자유와 기쁨을 주는 것**이었고, 이는 이스라엘이 넘어지고 역사의 무대에서 사라진 이후 '이방인의 충만한 수'(롬 11:25)를 채워가는 **이방인 구원에 큰 영향**을 주었습니다. 이로 인해, 오늘날 세계 교회는 이방인이 주류를 이루고 있으며, 지도자 역시 이방인이 주도하는 상황이 되었습니다. 이제 때가 되어 이스라엘이 역사의 전면에 다시 드러나고 교회로 들어오는 상황 속에서, **'온 이스라엘의 구원'**(롬 11:26) 성취를 위해, 이방 교회는 **예루살렘 공의회의 정신**을 기억하고 유대인들에 대한 **빚진자의 마음으로**(롬 15:27) **성숙한 지원**을 아끼지 않아야 할 것입니다.

(4) 위의 문제에 대해 예루살렘 공의회가 만장일치로 결정한 것은 무엇입니까?

행 15:19-20, 28-29

(5) 예루살렘 공의회 사도와 장로들의 결정에 대해 안디옥 교회 이방인 형제들의 반응은 어떠했나요?

행 15:23, 31

(6) 오늘날 믿는 이방인으로서 2,000년 전의 이 결정에 대해 어떻게 생각하시나요?

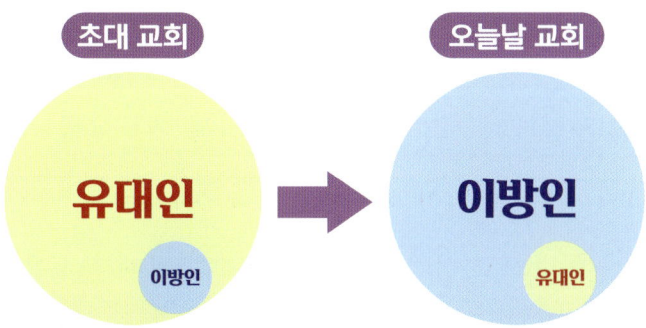

초대 교회 때는 유대인이 교회의 주류를 이루었고, 지도자 또한 당연히 유대인이었습니다. 이스라엘의 멸망과 디아스포라로 인해 유대인이 역사의 전면에서 사라지면서 오늘날의 교회는 이방인 중심이 되었고 지도자들 역시 이방인이 되었습니다.

(7) 사도행전 15장, 초대 교회 유대인 지도자들이 이제 막 예수님을 믿게 된 이방인 형제·자매들을 배려했던 모범을 기억할 때, 오늘날 교회의 이방인 지도자들은 예수님을 믿는 신앙으로 나아오고 있는 유대인 형제·자매들에 대해 어떤 배려를 해야 마땅할까요?

예) 콘스탄티누스 황제 이후 교회가 지켜온 교회력(주일성수, 부활절, 추수감사절 등) 및 음식(돼지고기 등)에 대해 어떤 태도를 취하는 것이 성숙한 것일까?

유대인의 디아스포라: 역사에서 사라진 이스라엘

BC 63년 로마 장군 폼페이우스(Pompeius)에 의해 예루살렘이 점령되었습니다. 이에 저항하는 1차 유대 봉기(AD 66-70)가 로마 장군 티투스(Titus)에 의해 진압되면서 예루살렘은 함락되고 성전은 파괴되었으며, 이때부터 **유대인의 디아스포라가 시작**되었습니다. 또한 2차 유대 봉기(AD 132-135 메시아로 추앙받은 바르 코크바의 봉기) 실패로 **유대인들의 예루살렘 거주가 금지되고 전 세계로의 디아스포라가 더욱 확산**되었습니다. 이는 메시아를 거부한 유대인의 **죄의 결과**였으며, 여기에는 또한 선지자들을 통해 예언되고 예수님과 바울에 의해 확인된 **하나님의 섭리**가 있었습니다. 유대인의 디아스포라로 인해 **이스라엘의 존재는 역사에서 사라졌으며**, 그들은 성경에 예언된 하나님의 허용적 징계(육체적, 정신적 고난)를 문자 그대로 받게 되었습니다. 이는 역사의 여러 사건에서 확인할 수 있습니다. 또한 예언대로 이스라엘이 영원한 기업으로 **언약받은 가나안 땅**은(창 17:18; 시 105:10-11) **일시적으로 황폐하여 버려진 바** 되었습니다(마 23:38).

반면 바울이 언급한 대로, 이스라엘의 넘어짐으로 **구원이 이방에 이르러 이방인은 풍성함**을 누리게 되었습니다. 이는 이스라엘로 시기나게 하여 이스라엘의 남은 자를 구원하려는 하나님의 섭리였고, 바울의 부탁이었습니다. 하지만 대다수 유대인이 이방의 빛이 되지 못했듯, 대다수 이방인 역시 이를 지키지 못 하였습니다. 오히려 기독교가 앞장선 반유대주의 박해로 이스라엘은 역사적·문화적으로 예수님과 기독교 그리고 십자가에 강한 반감을 갖게 되고 거부하며 굳은 마음이 되었습니다. 하지만 하나님의 긍휼과(롬 11:32) 신실한 약속은 **이스라엘의 '씨' 와 '땅'의 회복을 분명하게 예언**하고 있으며, 때가 차기를 기다리고 있었습니다. 마치 예수님의 초림 시기에 언어의 통일, 도로와 교통의 발달, 팍스 로마나(Pax Romana)와 같은 정치적 안정, 구약에 예언된 메시아 도래 시점 등의 때가 찬 것처럼요.

예루살렘 성전의 파괴,
프란체스코 하예즈, 1867

티투스 개선문 부조

(1) 예수님의 예언대로, AD 70년 로마 장군 티투스에 의해 예루살렘이 함락되었습니다. 성경은 예루살렘 파괴의 원인에 대해 무엇이라 말하고 있나요?

마 23:37-38

눅 19:41-44

3과 초대교회와 이스라엘의 디아스포라 · 75

(2) 예루살렘의 멸망과 관련하여 유대인들의 죄도 있었지만, 동시에 '그들의 눈을 가리우신' 하나님의 섭리도 있었음을 성경은 어떻게 설명하고 있나요?

성경	성경 인물	하나님의 섭리와 관련된 내용
신 29:4	모세	
사 6:9-12	이사야	
마 13:11-17	예수님	
행 28:26-28 롬 11:8, 11-12	바울	

> 이스라엘의 실패에 대해 이방인들은 "전적으로 이스라엘 잘못 때문"이라 말해선 안 됩니다. 이 말은 이스라엘이 회개할 때 할 말입니다. 우리는 "우리 때문에 이스라엘이 희생당했다"고 말해야 할 것입니다.

(3) 이스라엘의 멸망과 유대인의 디아스포라와 관련하여, 그들이 겪어야 할 고난을 성경은 어떻게 예언하고 있나요? 씨(유대인)와 땅의 관점에서 적어보세요.

씨(유대인)	땅(약속의 땅)
레 26:33	레 18:26-28, 26:33-35

신 28:64-67	겔 36:33-38
눅 19:43-44, 21:24	눅 13:35, 21:24

(4) 역사 가운데 디아스포라 이스라엘이 당한 고난을 알고 계시나요? 다음 예를 중심으로 한 가지 이상 찾아보세요.

❶ 십자군 전쟁과 예루살렘에서의 유대인 학살 (1099)

❷ 유대인 게토 지정 및 다윗의 노란별 표식

❸ 14세기 유럽 흑사병 당시 유대인 학살

◀ 흑사병 유행 기간 동안 벌어진 유럽인들의 유대인 학살 (목판화)

❹ 러시아에서의 포그롬 (1881-1921)	 ◀ 키에프에서의 유대인 학살 그림(1881)	
❺ 제2차 세계대전 당시 홀로코스트	 ◀ 바르샤바 게토 봉기(1943.1) 체포되어 방공호에서 강제로 연행되어나가는 유대인들	
❻ 기타 사례 (문학, 영화 등)		

(5) 예루살렘의 파괴와 유대인의 디아스포라가 이방인에게 미친 영향은 무엇인가요?

    롬 11:11-12

(6) 예루살렘의 파괴와 유대인의 디아스포라로 이제 그 땅과 씨는 버려지고 끝난 건가요?

씨(유대인)	땅(약속의 땅)
롬 11:1-2, 25-26a	겔 36:8-12; 욜 3:1, 20
겔 36:24-28; 사 6:9-12	눅 21:24
암 9:14-15; 사 62:4-5, 12	암 9:14-15; 사 62:4-5, 12

* 어떤 생각이 드시나요?

모래 언덕이었던 텔아비브의 초기 모습, 1909년
(출처: 위키피디아)

오늘날의 텔아비브, 이스라엘

3과 초대교회와 이스라엘의 디아스포라 · 79

4 이방 교회의 대체관점과 반유대주의

성경의 이스라엘을 바라보는 여러분의 관점은 어떤 관점인가요?

대체의 관점인가요, **회복의 관점**인가요? 역사적으로 초대 교부 저스틴이 교회를 '참 영적 이스라엘'이라 주장한 이후 오리겐이나 요한 크리소스톰, 어거스틴에 이어 루터 역시 이스라엘에 대해 대체적·배타적인 관점을 가졌습니다. 존경받던 영적 지도자들이지만, 이스라엘에 대하여는 이런 관점을 가진 것도 사실입니다. 이스라엘이 존재하지 않았던 상황에서 어쩌면 이해가 되기도 합니다. 하지만 이러한 가르침의 전통은 역사 가운데 계속 되었고 오늘날까지도 뿌리 깊게 남아 있으며, 무서운 것은 이러한 사고가 **반유대주의**와 연결되어 많은 사람들이 **유대인을 배척하고 핍박**하는 형태로 나타난다는 것입니다. 이미 이스라엘의 디아스포라 역사에서 살펴본 내용입니다. 그리고 지금도 그것은 **진행형이며 현실**입니다. **성경은 이에 대해 무엇이라 말할까요?** 구약의 선지자나, 신약의 예수님과 바울, 요한 역시 **이스라엘의 회복**을 말하고 있습니다.

(1) 교회사에서 이스라엘을 바라보는 관점에는 마이클 J. 블락(Dr. Michel J. Vlach)이 제시한 대로 '대체'의 관점과 '회복'의 관점이 있습니다. 대체의 관점에 관한 다음 내용에 대해 어떻게 생각하시나요?

> 초대 교부 저스틴(Justin Martyr, 100-165) 이후 165년 경부터 교회를 이스라엘로 정의하면서, 교회가 '참 영적 이스라엘'이라 주장하였다. 모세와 선지자들의 구약에서의 증언 및 예수님과 바울의 신약에서의 증언에도 불구하고, 대부분의 이방교회는 이스라엘은 하나님에 의해 거부당하였고, 하나님은 하나님의 백성 이스라엘을 교회로 대체하셨다는 관점을 받아들이기 시작하였다.
>
> 고대와 중세 전환기의 어거스틴은(Augustine 354-430) 기독교의 교리를 체계화 하는 등 많은 업적을 남겼지만, 유대인에게 만큼은 "유대인들이 죽는 것이 마땅하지만, 대신 천벌을 받은 증인으로서 그리고 교회가 회당을 이겼다는 승리를 증거하는 증인으로서 지구 위를 떠돌아다니도록 운명 지워졌다."고 말함으로써, 거의 배타적으로 강한 대체신학의 길을 만들었다.
>
> 중세와 근대 전환기의 인물이자 종교개혁으로 존경받는 루터는 비록 초기에 유대인들에게 우호적이었지만, 후기에는 가혹한 대체주의 입장을 촉진시켰다. 그는 그의 저서『유대인들과 그들의 거짓말에 관하여』에서 유대인들은 하나님께 버림을 받았고, 더 이상 하나님의 백성이 아니며, 하나님도 더 이상 그들의 하나님이 아니라고 말하였다. 그 결과 루터는 "유대인들의 회당은 불태워지고 그들의 집들은 부숴져야 하며, 기도책과 탈무드는 몰수해야 하고, 랍비들은 가르치지 못하도록 해야 한다. 이를 어길 땐 처형해도 좋다"는 유대인을 대적하는 강한 발언을 하게 된 것이다.

(2) 위 교회 지도자들의 주장은 성도들에게 어떤 영향력을 끼쳤을까요?

(3) 대체의 관점은 반유대주의(Anti-Semitism)로 이어지게 됩니다. 위 3-(6)(p.79)의 사례는 이에 관한 예라 할 수 있습니다. 반유대주의와 관련하여 오늘날 접하게 된 사례가 있나요?

예) 이스라엘 하마스 전쟁(2023.10.7.)으로 인한 전 세계적인 반이스라엘 시위 등

(4) 성경 구·신약에서는 이스라엘의 회복에 관하여 어떻게 말하고 있나요?

구약	신약
신 30:1-10 모세:	행 1:7 예수님:
렘 31-33장 (특히 31:35-37) 예레미야:	롬 11:1, 26, 29 사도 바울:

겔 36-37장 (특히 36:23-28) 에스겔:	계 7:4-8 사도 요한:

하나님이 이스라엘을 버리셨다면
우리의 구원과 하나님에 대한 신뢰는 심각한 타격을 받게 됩니다.
언약에 신실하신 하나님은 성립이 되지 않으며,
이스라엘을 버리셨듯이 교회도 버리실 수 있게 됩니다.
이스라엘의 존속은 하나님 존재의 증명과,
하나님께서 언약을 잊지 않으셨고, 그분의 약속을 어기지 않으셨다는
신실하심의 증명인 것입니다.

5

이스라엘의 남은 자를 구원하소서 (렘 31:7)

역사에서 사라진 이스라엘에 대해 **교회가 이스라엘을 대신했다**고 가르치고, 이러한 사상이 **반유대주의를 합리화**하며 행동으로 나타나게 되는 역사가 진행되었습니다. 그럼에도 청교도를 비롯한 일부 메신저들은 말씀 연구를 통해 이스라엘이 회복될 것을 내다보았고, 이를 위해 기도하고 가르쳤습니다. 그들은 **유대인의 회심이 이방인의 더 큰 풍성**이 되며, **교회의 영광**이 될 것이라 가르쳤습니다. 마치 유대인들이 민족적으로는 메시아 예수님을 거부했지만 예수님을 따르는 제자들이 이방인의 빛이 되어 복음을 전파하였듯, 그들 역시 대부분의 사람들이 이스라엘을 배제시킨 상황 속에서도 **이스라엘의 귀환과 영적 회복을 선포**하였습니다. 놀라운 영적 통찰입니다. 물론 이는 바울이 말하고 있는 바입니다 (롬 11:12, 15). 그들에 이어 현대의 로이드 존스 역시 **이스라엘의 배제**는 영원한 배제가 아닌 **일시적인 배제**요, 전체적인 배제가 아닌 **부분적인 배제**라고 말합니다.

언약에 신실하신 하나님 앞에서 나의 기도는 어떤 기도가 되어야 할까요? 하나님의 시간표를 보며, 시대적 분별력을 가진 자라면 어떤 기도가 있어야 할까요? 이스라엘이 다시 나라가 되고, 흩어졌던 곳에서 돌아오며, 눈과 귀가 열리고 부드러운 마음으로 예수님을 메시아로 알아보기 시작하는 현상을 보면서 어떻게 가르치며 행동해야 할까요? 교회사 속에서 이스라엘이라는 존재가 없었던 상황에서도 미래에 일어날 일을 현실로 알고 믿음으로 기도했던 선진들처럼, 이제는 이스라엘을 향하신 언약을 신실하게 이루어주시길 기도해야하지 않을까요? '**하나님**

은 이스라엘과 맺은 언약에 신실하시다'는 사실은 곧 '나에게 말씀하신 모든 약속에도 신실하시다'는 것의 근거가 된다는 상관관계를 기억하면서요….

예레미야가 "이스라엘의 남은 자를 구원하소서"라며 기도했듯, 이방 두로왕 히람이 하나님의 성전 건축에 있어 솔로몬을 도와 연합하며 협력했듯, **하나님 나라 완성을 위해** 믿는 유대인과 연합하여 **유대인 전도에도 힘써야** 하겠습니다. 2,000년 전 시므온의 선포는 진리이기 때문입니다(눅 2:31-32). 그 선포대로 예수님은 **'이방을 비추는 빛'**이 되셨습니다. 열방의 구원얻은 성도가 그 증거입니다. 하지만 **아직 '이스라엘의 영광'이 되지는 못 하셨습니다.** 아직도 이스라엘에서 대다수의 사람들에게 예수님의 이름은 금기시되고 꺼려하는 이름입니다.

(1) 교회사 속에서 이스라엘의 회복을 위해 힘쓴 자들이 있다는 것을 들어 보셨나요? 익숙한 대체의 관점만이 아닌, 회복의 관점도 공부해야 합니다. 다음 인물들의 주장이 나에게 어떤 마음을 갖게 하나요?

이스라엘 편에선 이방인	이스라엘 편에 선 이방인의 주장
프란시스 케트 (Francis Kett) 16C 영국, 캠브리지대 교수	이스라엘 민족의 회복을 주장한 첫 기독교 학자. 전세계에 흩어져 살던 이스라엘 민족이 다시 그들의 고토로 모일 것이라고 해석함. → 1589 이교도로 몰려 화형당함. 그러나 그의 주장은 그와 함께 죽지 않고 뒤에 자라나는 나무들의 거름이 됨
존 오웬 (John Owen) 17C 영국, 청교도	당시 유대인들이 고토로 돌아갈 희망과 가능성이 전혀 없던 시대에 다음과 같이 주장. "유대인들, 그들은 흩어져 살고 있는 세계 각지에서 다시 모여져서 그들의 고토로 돌아가게 될 것이다."

새뮤얼 러더포드 (Samuel Rutherford) 17C 영국, 청교도	역사에서 지상에 재림하시는 사건을 제외하고 이스라엘 회복만큼 영광스러운 사건은 없을 것이라고 생각함. "나는 천국 밖에서 수년 동안 머물러 기다리면서 영혼을 향한 주님의 사랑의 역사에 대한 예언이 영광스럽게 성취되는 것, 곧 천국의 맏누이인 유대인들로 이루어진 교회가 주님의 나라 안으로 들어오는 것을 보기 원한다. 오, 그것은 얼마나 놀라운 기쁨이며 영광일까?"
로버트 레이튼 (Robert Leighton) 17C 스코틀랜드	"유대인의 회심을 위해 매일 기도하지 않는 사람은 교회의 영광의 주요 핵심을 망각한 사람이다. 의심할 여지없이 유대 민족은 다시 한 번 일어나 빛을 발하게 될 것이다. 그리고 그들의 귀환은 이방인들의 풍성함이 될 것이다. 그리고 그때 하나님의 교회가 지금까지 보아온 그 어느 때보다도 더 영광스러운 시대가 열릴 것이다."
로버트 머리 맥체인 (Robert Murry M'Cheyne) 19C 스코틀랜드, 장로교 목사	1839년 팔레스타인 선교 여행 후 '이스라엘에 대한 우리의 의무'라는 설교(롬 1:16 본문) "복음이 먼저 유대인들에게 전해져야 한다. 왜 그러한가?…유대인에 대해서 먼저 관심을 갖는 것은 하나님의 관심과 일치하기 때문이며…유대인의 회심이 죽어있는 세상의 희망이 될 것이기 때문이다."
찰스 스펄전 (Charles H. Spurgeon) 19C 영국, 침례교 목사	1855년 설교 "우리는 유대의 재건의 중요성에 대해 필요한 지각을 못하고 있는 것 같다. … 이스라엘의 재건을 통해 세계에 일어날 이로움은 그 무엇과도 비교할 수 없을 것이다. 이들의 모임은 죽은 자 가운데서 살아나는 것과 같을 것이다."
윌리엄 헤츨러 (William Henry Hechler) 19-20C, 성공회 목사	데오도르 헤르츨의 『유대국가』(1896)를 읽고 헤르츨을 찾아가 그의 꿈 실현을 도움. 헤르츨과 프레드릭 대공 및 카이저 빌헬름과의 만남을 주선하는 등 헤르츨의 영향력이 커지는 데 도움을 주었고 유대인들이 용기를 얻게 함. 1903년 영국이 이스라엘 국가 건설로 우간다 안을 제안하자, 성경이 제시한 땅이 아님을 근거로 우간다 계획을 포기하고 약속의 땅을 바라보게 함

"이스라엘의 배제는 전적인 배제가 아닌, 부분적인 배제이다. 이스라엘의 배제는 영원한 배제가 아닌, 일시적인 배제이다" - 마틴 로이드 존스(20세기, 영국 최고의 설교가) -

(2) 이방인 두로 왕 히람이 하나님의 성전 건축을 위해 솔로몬 왕을 도운 다음 기사를 읽어 보세요. 이스라엘의 부르심과 이방인의 역할에 관하여 어떤 생각을 갖게 되나요?

> "초대교회에서는 유대 기독교인이 이방 기독교인과 함께 하나님을 경배했다. 그런데 기독교 100년의 역사가 지나며 이방 기독교인의 수와 영향력이 유대 기독교인보다 훨씬 더 커지게 됐다. AD 70년 로마가 이스라엘을 점령하자, 이방 기독교인은 하나님이 이스라엘을 벌 주셨으며 이스라엘의 약속은 단절됐고 새 역사에 교회가 들어서게 됐다는 대체신학을 주장하기 시작했다. 이 때부터 이들의 관계는 깨지기 시작했다. 그런데 이 대체신학은 성경과 너무 상반되는 면이 많다. 바울은 '구원의 약속은 유대인과 이방인에게 동시에 준 것'이라고 했다. 하나님의 약속에는 유대인과 이방인의 자리가 모두 들어 있는 것이다. 우리는 반 유대주의가 아닌 한 형제로서 그들의 정체성을 인정해야 한다 … 유대인들이 이스라엘 본향 땅으로 돌아가는 것이 예수님의 재림에 관한 신호라는 것은 의심할 여지가 없다. 물론 특정 날짜를 꼽고 있지는 않지만, 나는 여전히 예수님의 재림과 가까운 때에 살고 있다는 것을 믿는다"
>
> - 월터 카이저(Walter C. Kaiser Jr., 세계 구약 신학계 거장, 美 고든코넬 신학대학원 명예총장) -

왕상 5:1-12

이스라엘의 택하심은 열방을 위하심이요, 이스라엘의 회복을 돕는 것은 열방 교회의 축복이다.
(창 12:3; 롬 11:12,15)

3과 초대교회와 이스라엘의 디아스포라 · 87

적용하기

3과에서 가장 기억에 남는 'one thing'은 무엇이며, 어떻게 실천할 건가요?

사진으로 보는 이스라엘

백향목, 예루살렘

백향목은 성전의 서까래와 들보, 성소와 지성소 벽면을 두르는 널판, 그리고 지성소 안 언약궤 받침대 등에 사용된 귀한 재료입니다(왕상 6:9-10, 14-15, 20). 놀라운 것은, 이 백향목이 이방인인 두로 왕 히람을 통해 제공되었다는 사실입니다. 거룩한 성전 건축에는 유대인만이 아닌 이방인의 협력도 함께 있었습니다. 이스라엘이 광야 같은 시간을 지나는 동안에도, 그들을 위해 기도하고 돕는 손길들이 있었습니다. 이제, 우리 차례입니다.

1 - 3과 한 눈에 보기

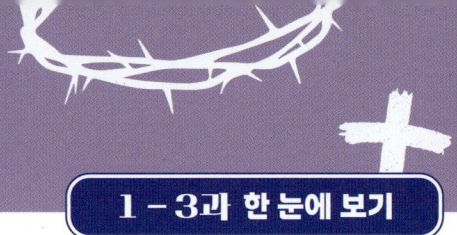

① **7대언약**

창조 언약 "다스리라"
창 1:27-28

창조 복

죄 **타락**
존재 근원 상실

구속

② **언약의 핵심과 범위**
"나는 너희의 하나님이 되고
너희는 내 백성이 되리라"
(창 17:7, 8 – 계 21:3, 7)

"이는 그리스도 예수 안에서 아브라함의 복이
이방인에게 미치게 하고…" (갈3:14)

초림

1.③ **언약과 이스라엘** (성부 θ)

유대인: 수단의 특정성

오순절

| 구약 대망 (메시아) | 아담 언약 창 3:15 (시작 언약) | 노아 언약 창 9:11 (보존 언약) | 아브라함 언약 창 12:1-3 (약속 언약) | 모세 언약 출 19:5-7 (율법 언약) | 다윗 언약 삼하 7:12-16 (왕국 언약) | 새언약 렘 31:31-35 눅 22:20 (절정의 언약) |

씨: 여자의 후손 → 아브라함 씨 → 다윗 자손 → A, D의 자손 예수 그리스도 (성자 θ)

땅: A+A자손 (약속의 땅) 창 15:18 출 12:48

2.① **메시아 언약의 성취: 유대인의 왕 예슈아**
② 나심
사시고 T, P, H / 전도: 하나님나라, 제자
③ 죽으심
④ 메시아를 배척한 예슈아의 백성
⑤ 어머니의 백성이 나의 백성이 되고 (제2의 룻)

"구약의 모든 내용은 **예수 그리스도에게로**"

④ 언약과 전쟁

⑤ 너를 축복하는 자에게는 내가 복을 내리고

초림 저지: 바로, 아달랴, 하만, 헤롯

Big Picture!
역사성

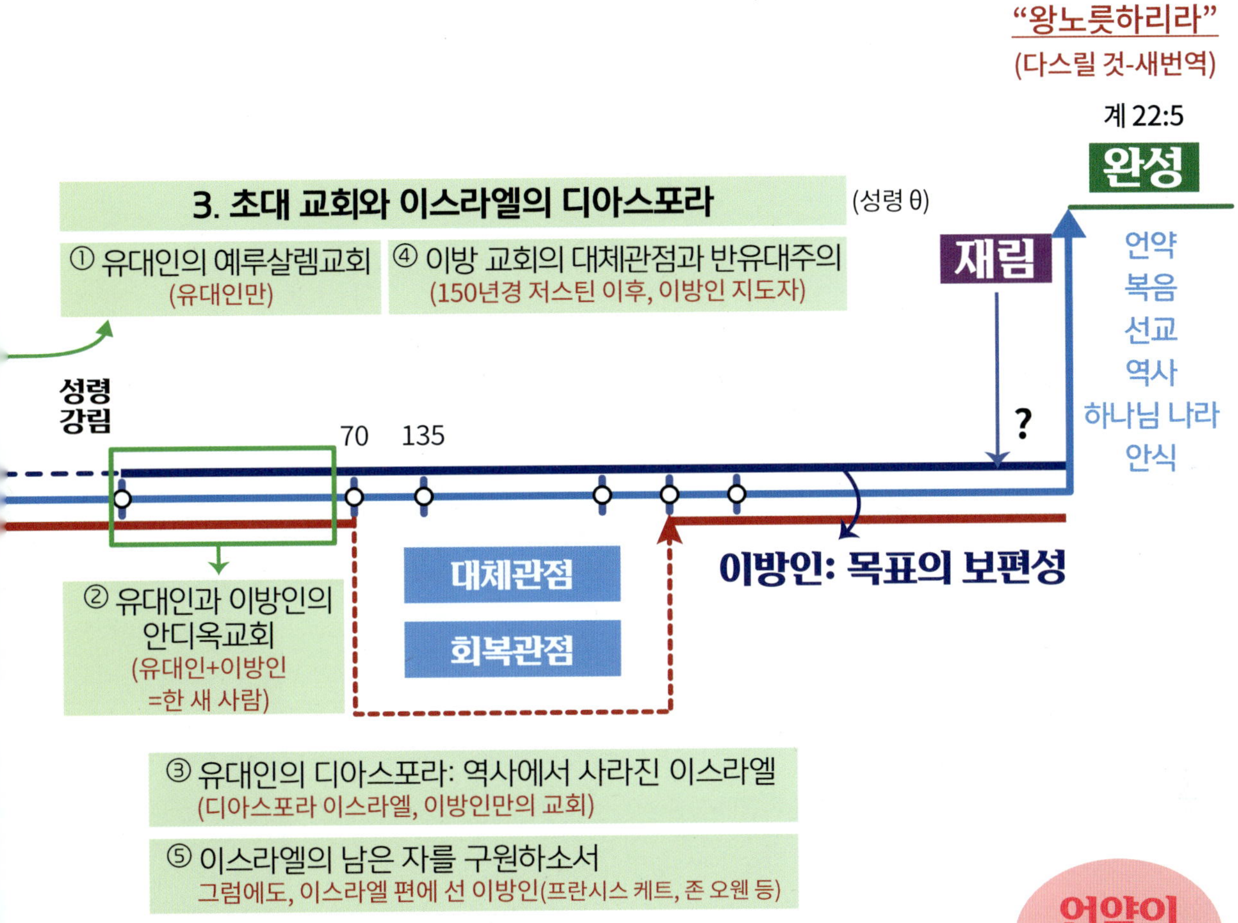

3. 초대 교회와 이스라엘의 디아스포라

(성령 θ)

① 유대인의 예루살렘교회 (유대인만)

④ 이방 교회의 대체관점과 반유대주의 (150년경 저스틴 이후, 이방인 지도자)

"왕노릇하리라"
(다스릴 것-새번역)
계 22:5

완성

재림

언약
복음
선교
역사
하나님 나라
안식

성령 강림

70   135

?

② 유대인과 이방인의 안디옥교회 (유대인+이방인 =한 새 사람)

대체관점
회복관점

이방인: 목표의 보편성

③ 유대인의 디아스포라: 역사에서 사라진 이스라엘 (디아스포라 이스라엘, 이방인만의 교회)

⑤ 이스라엘의 남은 자를 구원하소서
그럼에도, 이스라엘 편에 선 이방인(프란시스 케트, 존 오웬 등)

언약의 역사

흘러 들어가고, 예수 그리스도로부터 신약의 모든 내용이 흘러나온다"

전쟁

재림 저지

십자군, 게토, 종교재판, 포그롬, 홀로코스트, 이란, 하마스, 두 국가 해법

사탄 대적의 역사

무화과, 빌립보 가이사랴

성경에서 무화과나무는 이스라엘을 상징합니다(호 9:10; 렘 24:1-10). 벳바게(בֵּית פַּגֵּי, 베이트 파게)와 베다니(בֵּית עַנְיָה, 베이트 안야)처럼, 무화과와 연결된 이름을 가진 마을들에도 그 상징이 스며 있습니다(마 21:1-2). 예수님께서는 감람산에서 종말의 징조를 말씀하시며 "무화과나무의 비유를 배우라"고 하셨습니다(마 24:32). "가지가 연하여지고 잎사귀를 내면 여름이 가까운 줄을 아나니"라는 말씀처럼, 이스라엘은 다시 땅에 심기고, 영적인 회복도 일어나고 있습니다. 이 모든 일은 주님의 다시 오심이 가까운 때임을 우리에게 말해 줍니다(마 24:33).

The Highways to Zion, The Glory of Zion

제 4 과

이스라엘의 회복과 예언의 성취

1. 1882, 알리야의 시작

2. 1948, 이스라엘의 재건

3. 1967, 예루살렘의 회복

4. 20세기, 이스라엘의 영적 회복

5. 하물며 이스라엘의 충만함이리요 (롬 11:12)

제 4 과
이스라엘의 회복과 예언의 성취

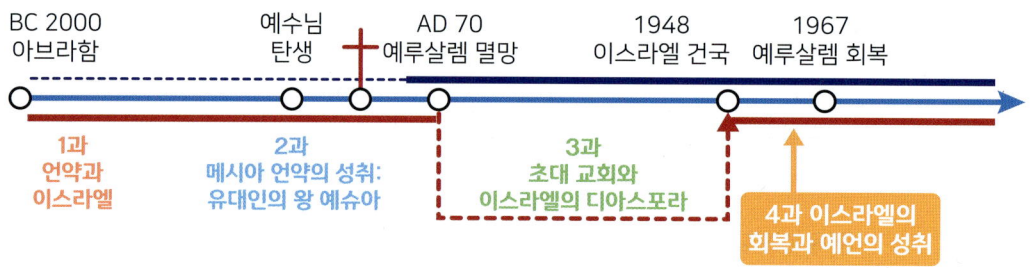

이스라엘은 구약으로 그 역할이 끝났을까요? 예수님의 초림을 준비하는 것으로 그 부르심을 다 하고 역사의 무대에서 사라진 것일까요? 그렇지 않습니다. 이스라엘은 예수님의 '다시 오심'을 앞두고 하나님의 super sign으로써의 역할이 분명하게 있습니다. 성경은 때가 차면 **이스라엘의 회복**이 있을 것이라 예언합니다. 모세와 이사야는 '끝날에', '다시' 이스라엘이 약속의 땅으로 돌아올 것이라고 말합니다(신 4:30; 사 11:11). 1882년 이후부터 이 예언은 성취되어지고 있습니다. 또한 성경은 이스라엘이 '하루에', '한 순간에' 나라가 되며, 산통을 하기 전에 해산할 것이라고 예언합니다(사 66:7-8). 1948년 5월 14일은 이 예언이 현실이 되었음을 보여줍니다. 2,000년 전 예수님은 예루살렘이 '이방인의 때가 차기까지', '이방인들에게 밟힐 것'을 예언하셨습니다(눅 21:24). AD 70년 이후 이 예언은 성취되었고, 그 구절의 나머지 즉 역으로 이방인의 때가 차면 예루살렘이 회복되리라는 예언은 1967년 6일 전쟁으로 성취되었습니다. 뿐만 아니라 궁극적인 것으로, 이방인의 구원을 위해 눈이 가리워진 유대인들의 영적 회복이 있을 것이라 예언되어 있습니다(사 6:9-12; 롬 11:25-26). 이 또한 현실이 되고 있습니다. 이스라엘과 관련된 이 모든 **예언과 성취**는 예수님의 재림과 관련이 있습니다. 이러한 때에 우리는 어떻게 살아야 할까요?

주제 말씀 암송

에스겔 36:24-27

²⁴내가 너희를 여러 나라 가운데에서 인도하여 내고 여러 민족 가운데에서 모아 데리고 고국 땅에 들어가서 ²⁵맑은 물을 너희에게 뿌려서 너희로 정결하게 하되 곧 너희 모든 더러운 것에서와 모든 우상 숭배에서 너희를 정결하게 할 것이며 ²⁶또 새 영을 너희 속에 두고 새 마음을 너희에게 주되 너희 육신에서 굳은 마음을 제거하고 부드러운 마음을 줄 것이며 ²⁷또 내 영을 너희 속에 두어 너희로 내 율례를 행하게 하리니 너희가 내 규례를 지켜 행할지라

로마서 11:25-26a

²⁵형제들아 너희가 스스로 지혜 있다 하면서 이 신비를 너희가 모르기를 내가 원하지 아니하노니 이 신비는 이방인의 충만한 수가 들어오기까지 이스라엘의 더러는 우둔하게 된 것이라 ²⁶그리하여 온 이스라엘이 구원을 받으리라

생각 열기

이스라엘에서 생산된 자몽이 우리나라 마트에 있네요. 어떤 생각이 드시나요?

1882, 알리야의 시작

성경 역사가 일반 역사와 다른 가장 큰 차이점은 무엇일까요? 일반 역사가 과거에 있었던 사건을 기록한 것임에 반해, **성경의 역사**는 지나간 과거 일들의 기록만이 아닌 **장래 있을 일들을 기록**하고 있다는 점에서 크게 다릅니다. 나아가 그것을 **역사 가운데서 성취**한다는 것입니다. 대표적인 것이 예수님의 초림에 관한 300여 개의 예언과 그 성취입니다. 가짜 신 우상이 절대로 할 수 없는 일 즉, **과거** 사건의 본질 및 그 의미의 해석과, **미래** 특히 종말론적 사건들에 대한 예언을 요구하심은(사 41:21-23) 역사의 주관자로서 하나님만이 왕이시요, 유일한 구원자이시며, 참 신이심을 인간에게 알리기 위함입니다(사 43:11-12, 44:6-7). 이를 위해 하나님은 이스라엘을 증인과 종으로 삼으셨습니다(사 43:10).

여기에 이스라엘의 독특성이 있습니다. 성경은 이스라엘을 단순히 여러 나라 중의 하나가 아니라고 밝힙니다. 유대 민족은 다른 민족과 동화되지 않고 '홀로 거주하며', '여러 민족 중의 하나로 여기지 아니할 것'이라고 선언합니다(민 23:9). 하나님은 이스라엘의 선지자(예언자)들을 친밀한 동역자로 삼아 하나님의 비밀스러운 계획이나 의도(Divine counsel, 히브리어 소드 סוֹד)를 보이시고, 기록하게 하시며(암 3:7-8), 이를 역사 가운데서 그대로 성취하십니다. 단순한 예언의 전달이 아닌 경고와 회개할 기회를 주시며, 하나님의 신실하심과 전능하심과 영광을 증명해 보이시기 위함입니다.

(1) 일반 역사에는 없는 성경 역사의 가장 큰 차이점은 무엇이며, 이러한 차이점을 통해 하나님이 의도하시는 것은 무엇일까요?

성경	성경 역사의 다른 점	하나님의 의도
사 41:21-23		
사 44:6-7		

(2) 다음 자료를 읽고 역사상 한 인물 예수님에게 적중한 예언을 생각할 때, 어떤 생각이 드시나요?

미국 캘리포니아주 패서디나 대학 교수를 역임한 피터 스토너 교수가 아주 흥미로운 질문을 고안하였다. 다음 질문에 답해 보라.

"네브라스카 주 전역을 은화로 뒤덮어 놓고, 한 은화에만 표시를 해 둔 후에, 눈가리개를 하고 아무 은화나 손에 잡히는 대로 고른다. 그런데 그 은화가 바로 표시를 해 둔 은화일 확률은 얼마일까?"

정확히는 알 수 없어도 대략 수 억만 분의 1, 아니 수 천억만 분의 1, 즉 거의 불가능에 가까운 확률이며, 8개의 예언이 한 사람에게 적중할 확률도 이와 같다. 그런데 예수님은 300개의 예언이 적중하였다.

(3) 하나님께서는 이스라엘을 어떤 존재(역할)로 택하셨으며, 그 독특성을 어떻게 표현하였나요?

존재(역할)	독특성
사 43:10	민 23:9

(4) 아모스 선지자가 전해주는 '예언'에 관해 우리가 알아야 할 중요한 포인트는 무엇인가요?

암 3:7-8

한 걸음 더 — 예언의 중요한 기능

"하나님의 백성에게 하나님의 예정하심에 대하여 분명한 비전을 제시하는 것"
- 데릭 프린스 -

"묵시가 없으면 백성이 방자히 행하거니와(제멋대로 날뛰거니와, 무질서)"
Where there is no vision, the people perish(KJV)
- 잠 29:18 -

"구약에는 1,239개의 예언, 신약에는 578개의 예언, 합쳐서 1,817개의 예언이 성경에 기록되어 있다. 이 1,817개의 예언은 8,352개의 성경 구절에 담겨 있다. 성경에는 총 31,124개의 구절이 있으므로(KJV 기준 31,102구절) 예언이 담긴 구절은 전체 성경 구절의 26.8%를 차지한다 (Encyclopedia of Biblical Prophecy by J. Barton Payne)."
- 데릭 프린스, 마지막 때의 이스라엘과 교회를 위한 예언, 8-9. -

사라진 민족이 2,000여 년이 지난 후, 자신의 고토로 돌아가 나라를 재건할 가능성이 과연 몇 %일까요? 역사적으로나 상식적으로 불가능한 일일 것입니다. 그런데 오늘날 우리 시대에 '알리야'라고 부르는 '이스라엘로의 고토 귀환'이 일어나고 있습니다. 흔히들 생각하는 바벨론 포로 귀환이 아닌 오늘날의 귀환입니다. 이러한 '**흩으심**'과 '**모으심**'은 바벨론 포로와 관련된 시대라 할 수 있는 이사야서나 예레미야서의 기록이 먼저 떠오르겠지만, 사실 이보다 훨씬 전 모세의 때에 이스라엘이 가나안에 들어가기도 전에 이미 예언되어 있는 패턴임을 주목해야 합니다. 특히 신명기서에서 이스라엘이 우상숭배하는 악을 행할 때 노하심으로 '흩으실 것'이나 다시 '모으실 것'인데, '**끝날에**(베아하릿 하야밈, בְּאַחֲרִית הַיָּמִים, 마지막 날들, 복수형)' 돌아오게 하실 것이라 예언한 점에 유의해야 합니다(신 4:30). 오늘날에 이루어지는 알리야를 말하고 있는 것입니다.

이사야는 이를 '그 날에 주께서 **다시**(쉐니트, שֵׁנִית, the second time)' 돌아오게 하실 것이라고 예언함으로 바벨론 포로 귀환과는 다른 귀환임을 밝히고 있습니다(사 11:11). 또한 그 범위가 동·서·남·북, 먼 곳, 땅 끝에서 돌아오는 것에 주목하십시오(사 43:4-6). 구체적으로 중국이라 부르는 '시님' 땅에서도 돌아올 것이라 말합니다(사 49:12). 특히 오늘날 '스파라딤'이라 부르는 스페인 지역에 살던 유대인들의 경우(아누심: 1492년 유대인 추방령으로 인해 추방당하지 않기 위하여 강제 개종된 스페인 유대인) "스바랏에 있는 자들은 네겝(이스라엘 네게브 광야)의 성읍들을 얻을 것이니라"(옵 1:20b)는 말로 구체적으로 예언되어 있습니다.

(5) 모세는 약속의 땅에 들어가기도 전에 이스라엘을 향하여 예언합니다. 알리야와 관련하여 발견되는 것은 무엇인가요?

신 4:27-31

참고 호 3:4-5

(6) 성경이 예언하고 있는 알리야에 관한 대표적인 말씀들입니다. 어떻게 말하고 있나요?

알리야(עליה) - 알라(עלה) '올라가다'의 명사형

사 11:11

사 43:4-6

(7) 알리야에 관한 구체적인 예언입니다. 어떤 내용인가요?

사 49:12

옵 1:20b

예레미야 16:14-15절에서 예레미야가 '보라! 날이 이르리니'라고 환기시키며, 이스라엘이 다시는 '출애굽의 하나님'으로 맹세하지 않게 될 날이 올 것이라 강조한 부분을 눈여겨 보아야 합니다. 출애굽 사건은 하나님의 위대하심을 드러낸 이스라엘 역사상 가장 큰 사건입니다. 맹세와 관련하여, 진실의 증명이나 약속의 확실함을 위해 맹세를 하게 되는 데, 자기의 이름이나 생명 내지는 다른 사람을 두고 맹세하는 것보다 하나님의 이름을 두고 맹세하는 것은 보다 강력한 맹세로 간주되며, 따라서 출애굽의 하나님을 두고 하는 맹세는 가장 높은 형태의 맹세라 할 수 있습니다. 이러한 맥락에서 '북방 땅과 그 쫓겨났던 모든 나라에서 인도하여 내신 하나님의 살아계심을 두고 맹세하게 될 것이다'는 말은, 맹세에 빗대어 **출애굽보다 더 위대한 귀환**이 있을 것임을 예언한 것으로, 바벨론 포로 귀환을

지칭하는 것이 아님은 자명하다 하겠습니다. 오히려, 이 새로운 사건은 흩어져 살게 된 나라의 수, 귀환까지 머무른 기간, 돌아오는 사람의 규모 측면에서 볼 때 분명 오늘날의 고토 귀환 즉 '알리야'를 지칭하는 것이라 하겠습니다. G. E. 래드의 말처럼 "구약성경의 모든 예언들은 가깝고 먼 사건들이 한데 섞여 있음"을 알고 접근할 필요가 있습니다. 바벨론 포로기에 쓰여진 예언이기에, 바벨론 포로 귀환만을 의미할 것이라고 단정짓는 시각에서 벗어나야 한다는 뜻입니다.

알리야에 대해 하나님은 '이스라엘을 위함이 아니요, 여러 나라에서 더럽혀진 하나님의 거룩하고 크신 이름의 회복 즉, **하나님 이름의 명예 회복**을 위한 것'이라 선포하시며(겔 36:22-23), '한 사람도 이방에 남기지 않고 돌아오게 하겠다' 하시고(겔 39:28), '나의 마음과 정성을 다하여 그들을 이스라엘 땅에 심을 것'이라 선포하고 계십니다(렘 32:41).

(8) 예레미야서에 나오는 흩으심과 모으심에 관한 예언은 바벨론 포로 귀환만을 언급하지 않고, 오늘날의 고토 귀환을 포함하고 있습니다. 다음 구절은 오늘날의 '알리야'를 어떻게 뒷받침하고 있나요?

렘 16:14-15

(9) 알리야에 관한 '하나님의 선포'와 '궁극적인 목적'은 무엇인가요?

하나님의 선포(알리야의 의도와 마음)	궁극적인 목적
겔 36:22-23	겔 36:11
겔 36:25	겔 36:23b
렘 32:41	

한 걸음 더 — 신약학자 G.E. 래드가 말하는 예언 해석 방법

"구약의 예언자들은 미래에 대해 이야기할 때 그저 미래적인 어떤 사건만을 예언하였습니다. 구약의 예언자들은 어떤 사건들과 이어짐으로 예언이 성취될 것인지에 대해서는 예언하지 않았다는 말입니다. 그들은 먼 미래에 일어날 여러 사건을 그저 단순한 하나의 사건으로 보고 예언하기도 하였으며, 또한 가까운 장래에 일어날 사건과 먼 장래에 일어날 사건을 동일 사건으로 예언하기도 하였습니다. 그러므로 성경의 예언은 예언자들의 예언 방법을 염두에 두고 풀어야 제대로 풀립니다. … 성경의 모든 예언들은 가깝고 먼 사건들이 한데 섞여 있다고 말할 수 있습니다."

- G.E. 래드, 하나님 나라의 복음. 53-56.-

놀라운 것은 예레미야가 **이방인들에게** 알리야에 관한 여호와의 말씀을 잘 듣고 전파하라는 **역할을 부여**하고 있다는 것입니다(렘 31:10). 전할 메시지는 '이스라엘을 흩으시는 하나님이 다시 모으시고 구원하신다'이며, 전파할 장소는 '먼 섬'으로 특정되어 있습니다. 바벨론이 아닌 점을 상기하세요. 이방인과의 관계를 제한하고 때로는 멸시하는 당대 분위기에서, 놀라운 임무 부여가 아닐 수 없습니다. 오바댜 선지자의 구체적인 예언도 눈여겨 보아야 합니다. 예루살렘에서 사로잡혀 가 스페인 지역에 있던 자들이 돌아와 네게브 성읍에 정착하게 될 거라는 예언이며(옵 1:20b), 이 예언이 현실이 되도록 뛰어든 자들도 있습니다. 사실 '흩으심'과 '모으심'은, 이스라엘이 가나안 땅에 들어가기 전에 모세에게 알려주신 패턴으로, 특히 '끝날에(베아하릿 하야밈, בְּאַחֲרִית הַיָּמִים, 마지막 날들, 복수형)' 흩어진 데서 돌아오게 될 것이라 예언된 점에 유의해야 합니다(신 4:30).

잊지 않아야 할 것은 **이스라엘의 회복**은 하나님이 직접 행하시는 일(I will... '내가...하리라', 겔 36장에만 27회)이라는 것입니다. 사람을 사용하시지만, 하나님의 주권 가운데 하나님의 열심이 이를 이루어 가신다는 것을 기억해야 합니다. 또한 알리야를 통해(영적 회복도 같은 맥락) 하나님께서 의도하시는 바가, 이스라엘과(겔 36:11) 열방으로(겔 36:23) **"내가 여호와인 줄을 알게 하시는 것"**임을 기억해야 합니다. 이같은 표현은 에스겔서에 69번이나 등장합니다. 이 모든 것이 향하는 방향은 창세기부터 계시록까지 이어지는 언약의 핵심 즉 "너희는 내 백성이 되고 나는 너희의 하나님이 되리라"에 있습니다(겔 36:28).

(10) 알리야와 관련된 명령입니다. 무엇을 관찰할 수 있나요?

> 렘 31:10-12
> - 명령을 받은 대상?
>
> - 그 대상에게 주고 있는 명령은?
>
> - 그 명령의 구체적인 내용은?

(11) 에스겔 36장은 이스라엘의 회복과 관련하여 매우 중요한 장입니다. 36장을 읽고 답하세요.

> ① 'I will…'이라는 단어가 몇 번 나오나요? (영어 성경 참조)
>
> ② 'I will…'이 그토록 많이 등장하는 의미는 무엇일까요?
>
> ③ 겔 36:28에도 앞서 공부한 언약의 핵심이 반복됩니다. 어떤 내용인가요?
>
> ④ '알리야'라는 기적의 사건이 내게 말씀하시는 것은 무엇인가요?

한 걸음 더 | 전쟁 중에도 멈추지 않는 알리야

세계적인 코로나 발병 이후 미국 내에 거주하는 유대인들은 코로나를 일으킨 족속으로 본토인들에게 미움을 받아 핍박과 테러를 받고 상당수가 이스라엘로 이주했습니다. 살기 좋은 미국 땅에 살면서 이스라엘로 이주를 거부했던 사람들에게 하나님의 강권적인 역사로 "알리야"가 일어난 것이죠.

그러나 이스라엘 본토에서는 모든 유대인을 다 받아 준 것은 아니고 "Messianic Jews(예수님을 믿는 유대인)"들은 이단자로 분류해 입국 비자를 주지 않았습니다. 그러나 예수님은 이스라엘에 다시 오실 때, 예수님을 메시아로 믿는 유대인들에 의해 환영을 받을 때 다시 오신다고 했습니다(마23:39, 눅15:35).

우크라이나 전쟁이 터지면서 우크라이나에 살던 많은 유대인들이나 러시아의 유대인들은 전쟁을 피해 이스라엘로 이주했습니다. 이 때(전쟁)에는 "예수 믿는 유대인"이라 거부하지 않고 다 받아주었습니다. 이것은 예수 믿는 유대인들도 본향으로 들어갈 수 있는 사례를 만들었습니다.

하나님 나라의 관점에서 우크라이나 전쟁은 신의 한수로 보여집니다. 우리는 전쟁이 속히 끝나기를 기도하지만, 전쟁이 길어질수록 "알리야"는 더 완전히 이루어질 것입니다. 우리는 러시아에서 마지막 때를 이끌어 가시는 하나님을 더욱 찬양하게 됩니다.

- 러·우 전쟁 중, 러시아 극동 선교지에서 보내온 편지(23.04월) -

1948, 이스라엘의 재건

'**20세기 최고의 기적**'이란 제목으로 최고의 사건을 고른다면 어떤 사건이 뽑힐까요? 단연 '**이스라엘의 재건**'이 될 것입니다. 1896년 데오도르 헤르첼에 의해 '**유대 국가**'가 주창되고, 이듬해 제1차 시온주의 대회에서 '50년 안에 이루어질 것'이라는 그의 예언적 선포대로(하나님이 그의 기도를 들으셨다고 봅니다). 이스라엘은 1947년 11월 29일 UN에서 먼저 **승인**을 얻었고, 1948년 5월 14일 영국의 철수를 기점으로 독립을 선언함으로 **다시 나라**가 되었습니다. 그리고 다음날 15일, 주변 아랍 5개국의 공격으로 독립전쟁이라는 **진통**을 치루게 됩니다. 이는 '진통(산고)하기 전에 해산하며, 고통을 당하기 전에 남아를 낳았다'

1948.5.14 텔아비브박물관에서 이스라엘 독립선언을 하는 장면

는 말씀의 성취이며, '하루만에, 한 순간에' 태어난 나라의 성취입니다(사 66:7-9). 오랜 혁명과 전쟁의 긴 협상을 통해 독립을 이룬 일반적인 나라와는 달리 이스라엘은 1947년 유엔의 결의와 1948년 선언으로 독립이 신속하게 이루어졌습니다. 이스라엘의 재건은 다른 나라와 구별된, 성경 말씀대로의 성취를 드러낸 하나님의 기적 사건입니다.

하나님은 예레미야를 통해 성경에 기록해 두셨습니다. 해·달·별의 운행과 바다

의 파도와 같은 자연 질서가 깨지지 않는 한 이스라엘 자손은 끊어지지 않고 영원히 나라가 될 것이라고요. 하늘을 측량할 수 없고, 땅의 기초를 탐지할 수 없듯, 이스라엘 자손을 버리지 않을 것이라고요(렘 31:35-37).

로마 지배를 받고 있던 당시, 제자들의 관심사였던 '이스라엘 나라의 회복'에 관한 질문에서도 주님은 비록 '성령이 임하시면 권능을 받아 나의 증인이 되리라' 말씀하셨지만, 이스라엘 나라 회복을 부정하지 않으시고 '때와 시기는 아버지께서 자기의 권한에 두셨다'는 말로 아버지의 때에 나라의 회복이 있을 것임을 암시적으로 말씀하셨습니다(행 1:6-7). 이스라엘을 버리지 않겠다는 언약은 사실 우리의 신앙을 안전하게 붙들어주는 근거가 됩니다. 이스라엘을 버리셨다면 나도 교회도 버리실 수 있기 때문입니다.

하나님은 아브라함에게 현재의 이스라엘이 있는 가나안 땅을 주어 영원한 소유를 삼게 하시려고, 의도적으로 갈대아 우르에서 이끌어 내셨습니다(창 15:7). 창세기 12장에서 17장 사이에는 하나님이 아브라함에게 약속하신 구체적인 땅의 범위가 언급되어 있습니다(창15:18 - 애굽 강에서 큰 강 유브라데까지). 언약은 씨와 관련하여 '**아브라함과 아브라함의 대대 후손**' 사이에 체결된 **영원한 언약**으로, 땅과 관련하여선 '**가나안 온 땅**'을 주어 '**영원한 기업**'이 되게 하시겠다고 약속하십니다. 이를 기억하라는 언약의 증표는 할례였습니다. 하나님은 이스라엘에게 주신 땅을 '여호와께서 돌보아주시며, 여호와의 눈이 항상 그 위에 있는' 땅으로(신 11:12), 이스라엘에게 주어 할당된 소유가 되게 하시겠다는 언약을 '영원히 기억하고 계신다'고 말씀하십니다(시 105:8-11). 이스라엘 땅이 디아스포라 이후 황폐해졌지만, 이는 예언이자 하나님의 지혜였으며, 장차 회복되는 날에는 다시는 그 땅을 황무지라 부르지 아니하고 '쁄라(베울라 בְּעוּלָה, 결혼한 여인, 신부)'라 부르시겠다고 하십니다. 이스라엘 땅을 신부 삼으심으로, 결혼이란 특별한 관계로 땅에 대한 하나님의 마음을 표현하십니다(사 62:4). 하나님은 이스라엘 땅을 '나의 땅'이라 명명하십니다(욜 3:2). 그리고 자기의 땅을 극진히 사랑하시어 그의 백성을 불쌍히 여기실 것이라 말씀하십니다(욜 2:18). 땅과 백성은 긴밀히 연결되어 있습니다. 언약의 완성을 위해 하나님은 **땅에 대한 언약**도 신실하게 지키십니다.

(1) 다음 신문 기사를 볼 때 어떤 생각이 드시나요? 나에게 어떤 의미가 있나요?

유대인 신문 **팔레스타인 포스트** 1948.5.16. 판(5.15 안식일)
예루살렘 포스트로 이름 변경(1950년)

(2) 이스라엘 재건과 관련하여 성경은 무엇을 말하고 있나요? 다음 자료를 참고하여 찾아 보세요.

일반적 : 진 통(전쟁) → **건 국** → **국제 승인**

이스라엘 재건
UN 국제 승인(1947.11.29) → 건 국(1948.5.14) → 진 통(전쟁)(1948.5.15-1949.7.20)

사 66:7-9

(3) 다음 구절은 '이스라엘 나라의 보존'에 대해 무엇이라 말하고 있나요? 구약과 신약의 대표적인 구절을 확인해 보세요.

렘 31:35-37

행 1:6-7

"역사상에 부활한 이스라엘의 갑작스런 출현은 성경 해석 분야에서 새로운 책을 요구하고 있다."
- 윌버 스미스(Wilbur M. Smith) -

(4) 하나님께서 아브라함에게 약속하신 땅(창 12:6-7; 13:3, 14-17; 13:18; 15:18; 17:7-8)에 대해 하나님께서는 무엇이라 말씀하고 계신가요?

신 11:12

시 105:8-11

욜 2:18

사 62:4

참고 호 2:19-20

한 걸음 더 — 데오도르 헤르츨의 선포 (Theodor Herzl: 1860~1904)

"다시 한 번 처음에 했던 말을 반복하고자 한다. 그러기를 원하는 유대인들은 자신들의 국가를 갖게 될 것이다. 우리는 자유로운 사람들로서 자신의 터전에서 살아야 하며, 우리 자신의 고향에서 자유롭게 죽어야 한다. 세계는 우리의 자유를 통해 자유롭게 되고, 우리의 부를 통해 부유해지며, 우리의 위대함을 통해 위대해질 것이다."
- 『유대 국가』(1896) 중에서 -

스위스 바젤에서 1차 시온주의 회의 개최(1897), 유대 민족이 자신들의 땅에서 국가를 부활시킬 권리가 있음을 선포하였고, 50년 안에 세워질 것을 선포하였다. 하나님은 이 모든 것을 지켜보고 계셨고(렘 1:12), 귀에 들린 대로 그의 말을 기억하고 계셨다.

(5) 다음 글을 읽고 이스라엘 땅에 대한 나의 생각을 얘기해 보세요.

… 우리가 이곳 이스라엘 땅에 있지 않았고, 수천 년 전에 팔레스타인인이 이곳에 있었다는 주장은 정말 황당합니다. … 고대 역사를 날조하는 것은 용서할 수 없는 일입니다. 누구라도 유대인이 수천 년 전부터 이곳에 있었고, 팔레스타인인은 이곳에 없었다는 것을 알 수 있기 때문입니다.

현대에 팔레스타인인들은 "우리는 이곳에 있어 왔다. 19세기에 팔레스타인 땅(이스라엘 땅)은 유대인들이 들어와 우리를 쫓아낼 때까지 팔레스타인 사람들이 협동해서 만든 생동감 넘치는 땅"이라고 주장했습니다. 코미디와 같은 주장입니다. PLO(팔레스타인 해방기구) 의장인 아라파트가 유엔에서 시오니즘이 인종주의라고 비난하면서 행한, 악명 높은 그러나 효과적으로 먹힌 연설 내용이기도 합니다.

여기에는 하나의 문제가 있는데, 아라파트는 생동감 넘치는 팔레스타인인의 고향으로 이스라엘이 1881년에 침공했다고 말합니다. 좋습니다. 문제는 그가 말했던 1881년보다 12년 전(1869)에 성지를 방문한 수백 명 가운데 저명한 소설가인 마크 트웨인이 있습니다. 그는 아라파트의 주장과는 완전히 다른 이야기를 했습니다. 그는 팔레스타인 땅이 거대한 황무지였다고 말했습니다. 그는 하루 동안 갈릴리를 여행했을 때, 한 명의 사람도 발견하지 못했다고 했습니다. 그는 예루살렘은 베옷을 입고 재에 앉아 회개하는 것 같은 모습이었다고 말했습니다.

마크 트웨인이 그렇게 말했을 즈음에 유대인들이 귀환하며 건물을 짓기 시작했습니다. … 그러므로 마크 트웨인이 방문한 1869년부터 아라파트가 유대인이 들어와 천국과 같은 팔레스타인 땅을 파괴했다고 주장한 1881년 사이에 엄청난 규모의 팔레스타인 사람들이 이스라엘 땅으로 들어왔을 수 있습니다.

그런데, 아닙니다. 1881년에 아서 펜린 스탠리라는 또 다른 유명인이 이스라엘을 방문했습니다. 그는 영국 빅토리아 여왕 시대의 성공회 사제로 웨스트민스터 학장을 역임했습니다. 그는 특별 방문으로 이스라엘을 찾았는데, 훗날 회고록에서 "나는 유대에서 남쪽과 북쪽을 둘러보았는데, 아무 것도 보지 못했다. 그곳은 광활한 황무지였다."고 밝혔습니다. 마크 트웨인과 아서 스탠리 둘 다 같은 이야기를 한 것이죠.

- 조던 피터슨(현 시대 최고의 심리학자이자 베스트셀러 작가)과 베냐민 네타냐후의 인터뷰 -

"이스라엘, 누구의 땅인가?"

사진으로 보는 이스라엘

〈대로 위의 무지개, 아라바 광야〉

시 84:5 '시온의 대로'가 생각나게 하는 사진입니다. 아라바 광야는 사해 남쪽에서 시작하여 에일랏(홍해)까지 이르는 길고 좁은 광야 지대입니다. 그 한복판을 관통하는 현대식 고속도로는 '회복과 약속의 성취'를 떠오르게 합니다. "내가 광야에 길을, 사막에 강을 내리니..."(사 43:19). 마침 무지개가 떴습니다. 노아에게 언약의 증표로 주셨던 무지개처럼, 하나님께서 광야의 민족에게 여전히 약속을 이루고 계심을 말해주는 것 같습니다.

1967, 예루살렘 회복

세상의 중심이 어디일까요? 미국, 중국, 아니면... 한국. 각자의 나라가 세상의 중심이 되길 소망할 것입니다. 성경은 세상의 중심을 얘기하고 있을까요?

예. 그렇습니다. 에스겔 선지자를 통해 세상의 중심을 이스라엘로 밝히고 있습니다(겔 38:12). 이스라엘의 중심은 예루살렘이며, 예루살렘의 중심은 성전입니다. 성전의 중심은 지성소이며, 지성소의 중심은 하나님이십니다. 모든 것이 하나님으로 인하여 의미가 있습니다. 이스라엘이 예루살렘이 대단해서가 아니라, 하나님께서 예루살렘에 거주하기로 작정하심이 예루살렘과 이스라엘을 **구별된 도시와 나라**로 만들었습니다.

성경은 이스라엘(예루살렘)을 중심으로 전개 된 하나님의 구속 이야기입니다. 하나님은 예루살렘을 택하시고 '나의 이름을 거기에 두겠다'고 정하셨습니다. 또한 예루살렘에 거주하기를 원하시며, '영원히 쉴 곳'이라 말씀하셨습니다(대하 6:6; 시 132:13-14). 하지만, 무한하시고 편만하신 하나님의 임재를 예루살렘과 성전이라는 물리적 공간에 가둘 수 없음은 당연한 이치입니다(왕상 8:27; 대하 2:6). 그럼에도 하나님의 역사 운행을 예루살렘을 통하여 가시적으로 볼 수 있게 하셨으며, **예루살렘을 주목**하게 하셨습니다.

요엘 선지자는 예루살렘은 '대대로' 있을 것이라 선언함으로(욜 3:20) **예루살렘의 지속성**을 강조하였습니다. 비록 이스라엘이 역사의 무대에서 사라질지라도, 그것은 일시적인 것임을 내다보게 합니다. 스가랴 선지자는 하나님이 '시온에 돌아와 예루살렘 가운데에 거하실 것'이라 명시함으로, 마치 에스겔서의 성전에서 하나님의 영광이 떠나시는(겔 9:3, 10:18-19, 11:23) 심판과 단절의 장면과 대비되는 회복을 보여줍니다.

또한 하나님이 예루살렘에 거하실 때야 비로서 예루살렘이 진리의 성읍이 되고, 성전산은 거룩한 산이라 일컬음을 받게 됨을 알려주심으로, 예루살렘과 성전 그 자체가 위대하고 거룩한 것이 아닌, 하나님의 임재가 있을 때 거룩하고 의미가 있는 것임을 밝힙니다(슥 8:3). 예루살렘이나 성전은 하나님을 찬양해야 하는 증인이자 종의 위치에 있어야 하며(사 43:10, 시 147:12), **우상이 되어선 안 됨**을 기억하게 합니다. 물론 그 역할을 인정하고 **무시해서도 안 됨**을 또한 인식해야 하겠습니다. 예수님께서 예루살렘을 함부로 대해선 안 되는 '큰 임금의 성'임을 강조하신 것에 유의하십시오(마 5:35).

요한은 '거룩한 성 새 예루살렘이 하나님께로부터 하늘에서 내려옴'을 언급함으로 우리의 시야를 하늘로 확장시켜 줍니다(계 21:2). 이는 주기도문에서 '뜻이 하늘에서 이룬 것 같이 땅에서도 이루어질 것'과 연결되며(마 6:10), 바울의 '하늘에 있는 것이나 땅에 있는 것이 다 그리스도 안에서 통일되게 하려 하심'과도 연결지을 수 있습니다(엡 1:10). 그리스도를 통해 '새 하늘과 새 땅'이 이루어질 것을 바라보게 합니다(계 21:1). 히브리어의 예루살렘이 왜 단수가 아닌 '쌍수형'인지 느낌이 오시죠?

(1) 구·신약 성경의 기자들은 예루살렘에 관하여 어떻게 말하고 있나요?

대하 6:6

시 132:13-14

욜 3:20

슥 8:3

마 5:35

참고 마 27:53

계 21:2

예루살렘(יְרוּשָׁלַיִם; 예루샬라임, 쌍수형)

예루살렘의 역사를 알면 놀랄 수 밖에 없습니다. 하나님께서 운행하시는 역사적 사건들이 예루살렘이라는 한 공간에서 만나기 때문입니다. 역대기 기자는 그것을 알고서 한 문장으로 기록에 남겼습니다. 즉, 아브라함이 이삭을 바친 예루살렘의 **모리아산**이 알고 보니 다윗이 전염병 재앙을 멈추게 하기 위해 제사를 드린 여부스 사람 **오르난의 타작 마당**이었고, 그 장소가 곧 **솔로몬이 건축한 성전**이 위치한 곳이라는 것입니다(대하 3:1). 하나님께서 역사적 사건들이 의도적으로 예루살렘에서 만나게 하신 것임이 느껴집니다. 그러한 예루살렘에서 예수님은 십자가에 못 박혀 죽으셨고, 예루살렘 감람산에서 승천하셨으며(행 1:11-12), 제자들이 목도한 그대로 다시 오실 것입니다(슥 14:4, 감람산).

(2) 예루살렘은 역사적 사건들이 한 공간에서 만나는 독특성을 갖고 있습니다. 성경은 이를 어떻게 기록하고 있나요?

> 대하 3:1

(3) 메시아 예수님을 거부함과 우상숭배의 죄악으로 인해 예수님께서 예루살렘에 대해 예언하신 것은 무엇인가요?

> 마 23:37-38 (눅 19:41-44)

막 13:1-2

눅 21:24

프란체스토 하예즈, 예루살렘 성전의 파괴, 1867

예수님의 예언
"예루살렘아 예루살렘아…보라 너희 집이 황폐하여 버려진 바 되리라"(마23:37-38)

예루살렘은 또한 유대인들이 메시아를 거부함으로 징계를 받게 됩니다. 예루살렘은 황폐화될 것이며(마 23:37-38), 성전은 완전히 파괴될 것이며(막 13:1-20), 사람들은 칼날에 죽임을 당하고 모든 이방에 사로잡혀 가게 되고, 이방인들에게 밟히게 될 것입니다(눅 21:24). 하지만 예수님께서 하신 예언 속엔 회복 또한 약속되어 있습니다. 이방인의 때가 차면 예루살렘이 더 이상 밟히지 않게 될 거란 약속입니다. **1967년 6일 전쟁**으로 이스라엘은 동예루살렘을 차지하게 됨으로 비로서 예루살렘 전체가 이스라엘의 주권 하에 놓이게 되었습니다. 하지만 예루살렘은 여전히 갈등의 중심에 있습니다. 스가랴 선지자는 하나님께서 예루살렘으로 그 사면 모든 민족에게 취하게 하는 잔이 되게 할 것이며, 모든 민족에게 무거운 돌이 되게 하실 것이라고 이미 예언하고 있습니다(슥 12:2-3). 우리의 시대에 이 모든 것을 보고 있습니다. 이스라엘과 예루살렘을 보면 성경이 사실임과 하나님의 살아계심을 분명히 알 수 있습니다. 또한 **언약에 신실하신 하나님**이심을 확인하게 됩니다. 뿐만 아니라, **하나님의 시간표**를 알게 됩니다.

이 모든 것을 알게 된다면, 예루살렘의 평안을 위해 기도하게 될 것이며, 예루살렘을 사랑하게 될 것입니다(시 122:6). 주님 다시 오실 길을 준비하며 그 마음에 시온의 대로가 있게 될 것입니다(시 84:5). 예루살렘의 구원을 위해 잠잠하지 않고 쉬지 않게 될 것입니다(사 62:1). 여호와께서 예루살렘을 세워 세상에서 찬송을 받으시도록 하나님의 일하시는 손을 쉬지 못하게 할 것입니다(사 62:6-7). 예루살렘을 잊지 않고 즐거워하며, 하나님의 계획 가운데 있는 이스라엘 편에 있을 것입니다(시 137:5-6). 하나님의 마음에 예루살렘이 있기 때문입니다. 언약의 완성, 역사의 완성을 향한 하나님의 계획과 열심에 동참하고 싶기 때문입니다. 지금은 하나님의 구속사 중 **'예루살렘 시대'가 진행**되고 있습니다.

313	636	1099	1291	1516	1917	1948	1967
로마	비잔틴	아랍 이슬람	십자군	이집트 이슬람 맘루크 왕조	오스만 제국	영국	동서 분할통치

(4) 눅 21:24은 예루살렘의 회복 또한 예언하고 있는 말씀입니다. 이 약속은 성취되었다고 보시나요? 그 근거는 무엇인가요?

6일 전쟁(67.6.5-10)으로 예루살렘 탈환(6.7) 후 통곡의 벽 앞에서 기도하는 병사들

예루살렘 탈환 다음 날 통곡의 벽을 방문한 모세 다얀-하나님께 쓰는 쪽지 (시 118:23)

랜스 램버트: 6일 전쟁, 예루살렘 탈환으로 예루살렘을 밟던 이방인의 때가 끝났다.

윌럼 J.J 글라스하우스: 도시 심장부-유대인에게 닫혀 있음(아직도 유대인 출입 금지) '그리스도의 재림 즉 메시아가 오심'으로 끝날 것이다.

'already, but not yet?'

(5) 예루살렘의 회복이 나에게 어떤 의미가 있나요? 위에서 공부한 말씀을 통해 어떤 태도를 가져야 할까요?

시 122:6

시 84:5

사 62:1, 6-7

참고 시 137:5-6

> **한 걸음 더**
>
> "장차 예루살렘은 재림하시는 메시아를 가장 먼저 영접하는 도시가 될 것이며(슥 14:3-4), 여호와의 보좌라 일컬음이 되며, 예수님은 예루살렘 다윗의 보좌에 앉으셔서(시 122:5; 렘 3:17) 영원히 다스릴 것이다. 예루살렘에서 여호와의 말씀이 나올 것이다(사 2:2-4).
> - 랜스 램버트, 『이스라엘의 본질』 -
>
> "나는 예루살렘이 머지않아 크리스천 도시가 될 것을 믿으며, 그와 함께 예수 그리스도의 재림의 때가 곧 다가오리라 기대한다.… 가까운 시일 안에 하나님의 열심이 유대인들의 마음을 바꾸실 때, 여러분이 기도로 그 일에 동참한 칭찬 받는 파수꾼이 되기를 소망한다."
> - 유진 폴스틱(Eugene W. Faulstich, 성경 연대기 연구자), 『하나님의 시계 이스라엘』, 2 -

20세기, 이스라엘의 영적 회복

하나님께서 언약하신 대로, 이스라엘이 재건되고, 예루살렘이 회복되었습니다. 알리야 또한 계속 진행되고 있습니다. 뿐만 아니라, 이스라엘의 영적 회복이 이루어지고 있습니다. 이사야 선지자가 기록한대로, 약속하신 때가 되어 이스라엘이 눈으로 보게 되고, 귀로 듣게 되며, 마음으로 깨달아 알게 되는 일이 일어나고 있습니다(사 6:9-12). 하나님께서 새 영과 새 마음을 주시고, 굳은 마음을 제거하여 부드러운 마음을 주심으로 하나님의 말씀을 지켜 행하는 하나님의 백성이 되고 있습니다(겔 36:24-28).

▲ 탕자의 귀환, 렘브란트, 1662경

1948년 이스라엘 재건 당시 예수님을 믿는 메시아닉 유대인들이 23명에 불과하던 것이 지금은 4만여 성도와 300여 교회가 되었습니다. 특히 2023년 10월 7일 하마스와의 전쟁 이후, 영적인 관심이 급증하는 가운데 매주 새 신자들이 믿음으로 나아오고 세례를 받으며 지역교회로 연결되는 일들이 일어나고 있습니다. 스가랴 선지자는 다윗의 집과 예루살렘 주민에게 은총과 간구하는 심령을 부어 주실 것이며 죄와 더러움을 씻는 샘이 열리게 될 것이라 예언하고 있습니다(슥 12:10, 13:1). 예수님을 믿게 된 유대인들은 "바룩하바 붸셈 아도나이(בָּרוּךְ הַבָּא בְּשֵׁם יְהוָה,

찬송하리로다 주의 이름으로 오시는 이여)"를 외치고 있습니다. 주의 다시 오심이 준비되고 있습니다(마 23:39). 바울은 이스라엘의 미래를 예언한 로마서 11장에서 이스라엘의 충만함과 받아들여짐이 있게 될 것이라고 예언한 바 있으며, 이는 우리 시대에 현실이 되고 있습니다(롬 11:12,15). **지금은 '온 이스라엘의 구원'을 위해 힘써야 할 시즌입니다**(롬 11:26).

사진으로 보는 이스라엘

〈시클라멘, 야아르 하라카포트〉

시클라멘(Cyclamen)은 이스라엘의 겨울(특히 1월 말부터 2월 사이가 절정기)을 대표하는 야생화로, 주로 바위틈, 메마른 땅에 피어나는 '희망과 소망' '생명과 회복'의 상징입니다. 야아르 하라카포트('그 시클라멘들의 숲'이란 뜻의 지명)는 이스라엘 북부 하자폰 지구 갈에드(Gal'ed) 근처에 위치한 자연보호 구역으로, 해당 지역에 시클라멘이 매우 풍성하게 자생하기 때문에 붙은 이름입니다. '이스라엘의 소망'(행 28:20)이신 예수님이 겨울 땅과 같은 유대인들에게 피어나게 되길 바라고 기도합니다.

(1) 이스라엘의 영적 회복에 관하여, 구약 성경은 무엇이라 말하고 있나요?

사 6:9-12

겔 36:24-28

슥 12:10, 13:1

(2) 이스라엘의 영적 회복에 관하여, 신약 성경은 무엇이라 말하고 있나요?

마 23:39

롬 11:12, 15, 26

5

하물며 이스라엘의 충만함이리요(롬 11:12)

이스라엘의 회복은 '인자가 가까이 문 앞에 이른 줄 알게 하는'(마 24:32-33), '하나님 나라가 가까이 온 줄을 알게 하는'(눅 21:29-31) **슈퍼 사인**(super sign)입니다. 또한 이스라엘의 회복은 열방의 부흥과 맞물려 돌아가는 밀접한 관계가 있습니다. 바울은 로마서 11장에서 '이스라엘의 넘어짐'이 '이방인 구원의 풍성함'을 가져올 것을 말했고(롬 11:12a), 우리는 이를 지난 2,000년의 교회 역사를 통해 확인하였습니다. 이어 바울은 "하물며 이스라엘의 충만함이리요"(롬 11:12b)라는 수사적 (강조형) 질문을 통해 '이스라엘이 넘어진 것으로도 이방인에게 축복이 되었다면, 이스라엘이 충만하게 되면 이방인에게 얼마나 더 풍성한 축복이 될 것인가' 생각해 볼 수 있도록 강조합니다. 이어지는 같은 의미의 병행구절 "이스라엘을 버리는 것이 세상의 화목이 되거든, 그 받아들이는 것이 죽은 자 가운데서 살아나는 것이 아니면 무엇이리요?"(롬 11:15)라는 수사적 질문을 통해, 이스라엘이 회복된다면 이방에 죽은 자가 살아나는 것 같은 풍성함이 있을 것임을 또 한 번 강조합니다.

이제 우리는 바울의 예언에 주목해야 합니다. **이스라엘의 회복**과 **이방 곧 열방의 축복**이 마차의 두 수레바퀴처럼 **맞물려 돌아가기** 때문입니다. 그렇다면 우리는 열방의 풍성함을 위해 어떻게 해야 할까요? 당연히 이스라엘의 회복을 위해 힘써야 할 것입니다. '이스라엘의 남은 자를 구원하소서' 기도하고(렘 31:7), 이스라엘과 함께 가고자 행동하며(슥 8:23-24), 이스라엘을 마음에 닿도록 위로하고(사 41:1-

2), 이스라엘로 시기나게 해야 합니다(롬 11:11). 특히, 그 동안 망각했던 '이스라엘로 시기나게 하는' 사명을 위해, 우리의 삶이 예수 그리스도의 사랑을 알고 하나님의 모든 충만하신 것으로 충만해져야 하겠습니다(엡 3:19). 우리에게 주어진 **마지막 시대의 사명**입니다.

(1) 지금까지 공부한 이스라엘의 회복은 무엇과 밀접한 관련이 있나요?

> 마 24:32-33 (눅 21:29-31) / 행 3:20-21

(2) 이스라엘의 회복은 열방과 어떤 관계가 있나요?

> 롬 11:12, 15, 23-26a

(3) 이스라엘의 회복을 위해 우리가 해야 할 것이 있다면?

> 렘 31:7 (롬 1:16)
>
> 슥 8:23
>
> 사 40:1-2, 9 (롬 10:14-15)
>
> 롬 11:11

> **한 걸음 더** 이방인도 유대인에게 복음을 전할 수 있다. 질투나게 할 수 있다!

· 어느 유대인의 고백 ·

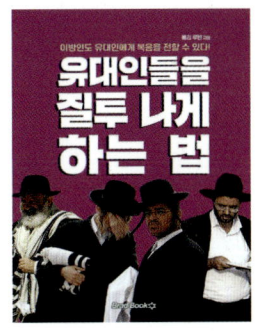

내가 가장 싫어했던 일 중의 하나는 갑판 청소였다. … 이 지루한 일을 같이 하는 친구가 한 명 있었는데 그의 태도는 나와는 달랐다. 구시렁거리고 불평하고 힘들어하는 나와는 달리 로렌이라는 친구는 오히려 노래를 하고 휘파람을 부는 것이 아닌가! 이러한 그의 태도는 나를 더 미치게 만들었다. 이런 태도를 보여야 하는 건 그가 아닌 초월 명상으로 내면의 평화와 안정을 찾는 법을 배운 내가 아닌가! 더 이상 참을 수 없어 어느 날 그에게 이렇게 물어보았다. "로렌, 무엇이 널 그렇게 실실거리게 만드는 거냐?"(벧전 3:15) 6개월의 현역 기간으로 내 언어는 거칠어져 있었다. 간단 명료했던 로렌의 대답은 나의 삶을 뒤집어 놓았다. 그는 웃으며 이렇게 대답했다.

"너의 메시아가 내 마음 속에 계셔!" "내 메시아? 네 맘에 계시는 내 메시아가 누군데?"
나는 신경질적으로 소리치다 잠시 후 내 메시아가 누구인지 물었다. 로렌은 예슈아가 메시아이며 유대 민족에게 처음 보내심을 받으셨다고 설명했다. 그리고 내가 그분을 내 삶에 받아들이면 진정한 평화를 발견할 것이라고 했다.

나는 질투가 났다. 왜냐하면 그는 실체이며 가치 있는 것을 가지고 있는 것처럼 보였기 때문이다. 그것이 무엇이든 간에 나는 초월 명상을 통해서는 그런 것을 소유하지 못했다. 예수님에 대해 나 스스로 진지하게 알아보기 전에는 예수님에 대한 결정을 내리지 않을 작정이었지만, 그날 로렌은 내 영혼 가운데 갈망의 씨앗을 심은 것이 분명하다. 그리고 그러한 갈망은 예수님, 예슈아, 메시아 안에서 만족을 찾았다. 로마서에서 바울은 이렇게 이야기 한다.

"그러므로 내가 말하노니 그들이 넘어지기까지 실족하였느냐 그럴 수 없느니라 그들이 넘어짐으로 구원이 이방인에게 이르러 이스라엘로 시기나게 함이니라"(롬 11:11)

모세 오경인 토라에서 하나님은 '백성이 아닌 자'로 이스라엘을 시기나게 할 것(신 32:21)이라고 말씀하신다. 바울은 로마서 10장 19절에서 이 말씀을 인용하여 그분의 백성에게 다가가시는 하나님의 방법, 바로 이방 민족에 대해 이야기한다. 하나님께서는 이방 민족을 통하여서 그분의 뜻을 이루실 것이다.

내 삶에서도 그랬듯이 이방인의 전도를 통해 메시아를 영접하게 된 수 많은 유대인들이 있다. 백성이 아닌 자들을 보며 그들은 시기를 느낀 것이다.

> "이방인의 역할은 마중물의 역할입니다. 특히 성령 충만한 한국의 그리스도인들이 이스라엘로 시기나게 하여 그들이 메시아를 알게 해야 합니다. 그리하여, 초대교회 때처럼 유대인들이 '이방의 빛'의 역할을 하도록 도와야 합니다. 이 얼마나 복된 그림입니까? 한 새 사람의 축복입니다."

4과 이스라엘의 회복과 예언의 성취

적용하기

4과에서 가장 기억에 남는 'one thing'은 무엇이며, 어떻게 실천할 건가요?

사진으로 보는 이스라엘

편백나무와 당근꽃, 노랑이꽃, 야드바쉠에서 에인케렘으로 가는 길

야드바쉠에서 에인케렘으로 이어지는 오솔길, 이 길을 따라 줄지어 선 나무들은 개역개정 성경에서 '잣나무'로 번역된 편백나무입니다. 성전의 마루와 문짝을 만드는데 쓰였고(왕상 6:15), 노아의 방주를 짓는 데도 사용되었을 가능성이 있는 나무입니다(창 6:14). 이 편백나무들이 길을 따라 줄지어 선 모습은, 마치 알리야를 통해 돌아온 이스라엘 백성들이 약속의 땅에 다시 심겨 선 듯한 풍경입니다. 오랜 기다림 끝에 성취된 예언처럼, 이스라엘은 회복되었고, 백성들은 약속의 땅에 다시 뿌리를 내리고 있습니다. 곁에 핀 노랑이꽃과 당근꽃도, 한때 황폐했던 땅 위에 피어난 회복의 은혜처럼 보입니다.

1-4과 한 눈에 보기

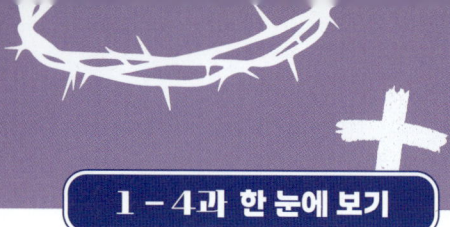

① **7대언약**

창조 언약 "다스리라"
창 1:27-28

창조 복

② **언약의 핵심과 범위**
"나는 너희의 하나님이 되고
너희는 내 백성이 되리라"
(창 17:7, 8 – 계 21:3, 7)

죄 **타락** **상실**
존재 근원

"이는 그리스도 예수 안에서 아브라함의 복이
이방인에게 미치게 하고…" (갈3:14)

봄 절기
초림

구속

1. ③ **언약과 이스라엘** (성부 θ)

유대인: 수단의 특정성

오순절

| 구약 대망 (메시아) | 아담 언약 창 3:15 (시작 언약) | 노아 언약 창 9:11 (보존 언약) | 아브라함 언약 창 12:1-3 (약속 언약) | 모세 언약 출 19:5-7 (율법 언약) | 다윗 언약 삼하 7:12-16 (왕국 언약) | 새언약 렘 31:31-35 눅 22:20 (절정의 언약) |

씨: 여자의 후손 → 아브라함 씨 → 다윗 자손 → A, D의 자손 예수 그리스도
(성자 θ)

땅: A+A자손 (약속의 땅) 창 15:18 / 출 12:48

2. ① **메시아 언약의 성취: 유대인의 왕 예슈아**
② 나심   사시고 T, P, H / 전도: 하나님나라, 제자   ③ 죽으심
④ 메시아를 배척한 예슈아의 백성
⑤ 어머니의 백성이 나의 백성이 되고(제2의 룻)

"구약의 모든 내용은 예수 그리스도에게로"

④ **언약과 전쟁**

⑤ 너를 축복하는 자에게는 내가 복을 내리고

초림 저지
바로 | 아달랴 | 하만 | 헤롯

Big Picture!
역사성

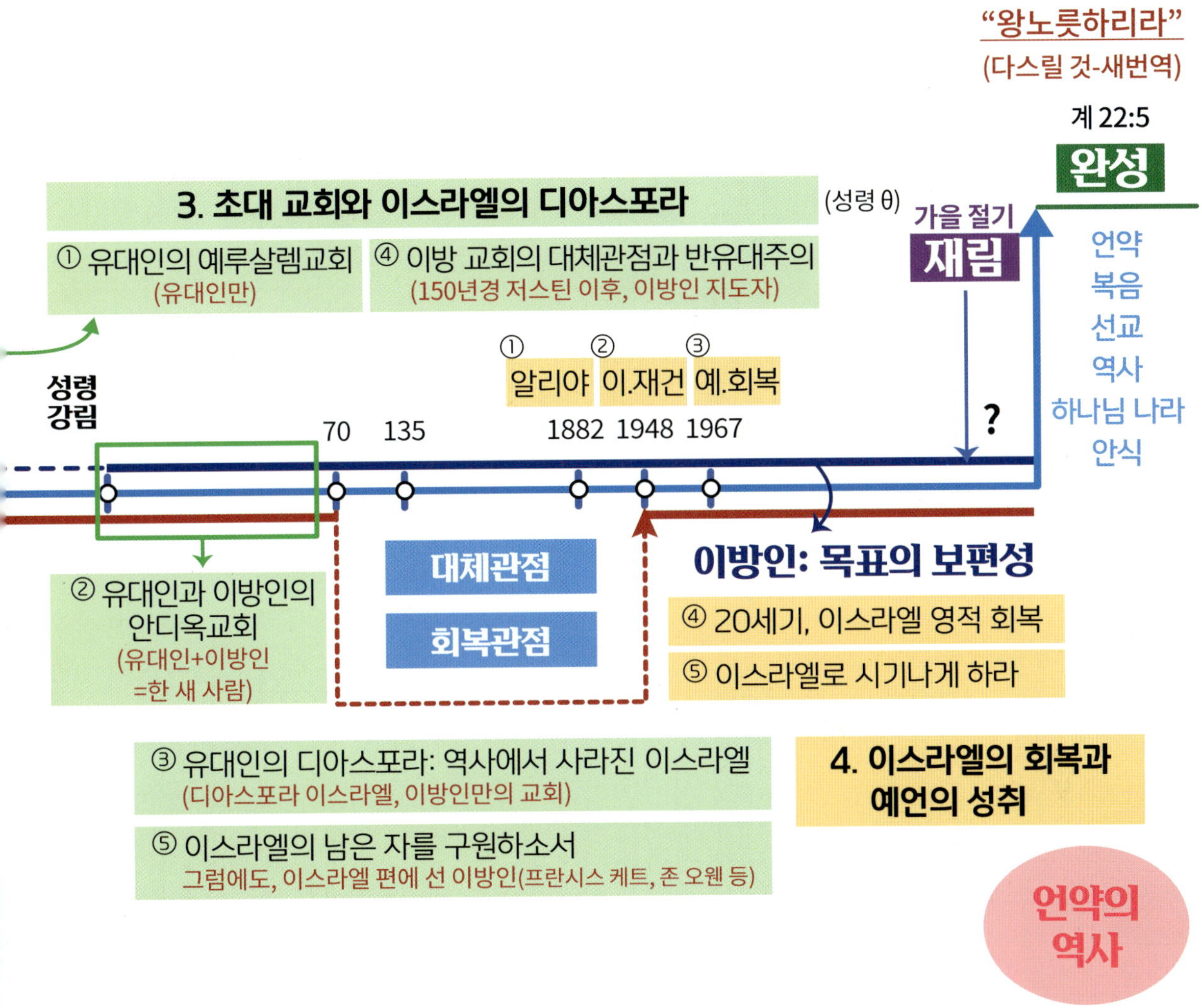

3. 초대 교회와 이스라엘의 디아스포라

① 유대인의 예루살렘교회 (유대인만)

④ 이방 교회의 대체관점과 반유대주의 (150년경 저스틴 이후, 이방인 지도자)

(성령 θ)

가을 절기
재림

"왕노릇하리라"
(다스릴 것-새번역)
계 22:5

완성

언약
복음
선교
역사
하나님 나라
안식

① 알리야 ② 이.재건 ③ 예.회복

성령 강림

70　135　1882　1948　1967

② 유대인과 이방인의 안디옥교회 (유대인+이방인 = 한 새 사람)

대체관점
회복관점

이방인: 목표의 보편성

④ 20세기, 이스라엘 영적 회복
⑤ 이스라엘로 시기나게 하라

③ 유대인의 디아스포라: 역사에서 사라진 이스라엘
(디아스포라 이스라엘, 이방인만의 교회)

⑤ 이스라엘의 남은 자를 구원하소서
그럼에도, 이스라엘 편에 선 이방인(프란시스 케트, 존 오웬 등)

4. 이스라엘의 회복과 예언의 성취

언약의 역사

홀러 들어가고, 예수 그리스도로부터 신약의 모든 내용이 흘러나온다"

전쟁

재림 저지
십자군, 게토, 종교재판, 포그롬, 홀로코스트, 이란, 하마스, 두 국가 해법

사탄 대적의 역사

석류, 에인로드

석류는 이스라엘의 가을 절기에 수확되는 대표적인 열매입니다. 초막절에는 약속의 땅에서의 풍성한 공급에 대한 기쁨과 감사를 상징하는 열매로 사용되었습니다(레 23:40). 제사장의 에봇 겉옷과 성전 기둥 위를 장식한 석류처럼(출 28:33; 왕상 7:18), 이 열매는 하나님의 임재 앞에 나아가는 거룩함과 구별됨을 상기시킵니다. 초막절이 언약의 완성을 기뻐하는 마지막 절기인 것처럼, 석류는 만왕의 왕으로 다시 오실 예수님과 하나님 나라 완성의 날을 예표하는 열매처럼 다가옵니다. 우리는 다시 오실 주님을 기다립니다.

The Highways to Zion, The Glory of Zion

제 5 과

언약의 완성:
다시 오실 만왕의 왕
예수님

1. 다시 오실 만왕의 왕 예수님

2. 재림을 위한 전제: 한 새 사람

3. 재림에 대한 방해: 영적 전쟁

4. 완성을 위한 이방인의 역할

5. 아멘. 주 예수여, 오시옵소서! (계 22:20)

제 5 과
언약의 완성: 다시 오실 만왕의 왕 예수님

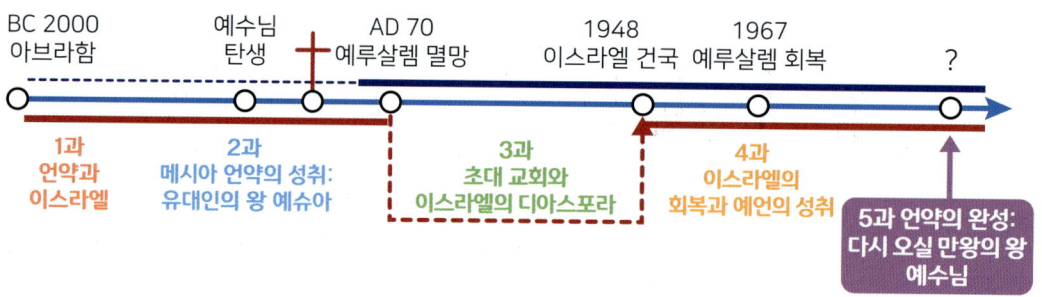

진실로 주님의 다시 오심을 기다리시나요? 그렇다면 당신은 주님 다시 오심을 위해 무엇을 준비하고 계신가요? '유대인의 왕'이요 '만왕의 왕'이신 예수님은 사람들이 평안하다 안전하다 할 그 때에 도둑 같이 갑자기 임하실 것이며, 결코 피하지 못 할 것입니다(살전 5:2-3). 도둑 같이 임하지 못 하게 하려면 어떻게 해야 하나요? 주님이 가르쳐 주신 징조들을 분별하고 오직 깨어 정신을 차리고 있어야 합니다(마 24장, 살전 5:4-8). 역사적으로 확인할 수 있는 끝날의 징조는 복음이 열방에 전파되며(마 24:14), 이스라엘이 예수님을 메시아로 영접하고 다시 오시기를 외치게 되는 것입니다(마 23:39). 열방 선교와 유대인 전도로 '한 새 사람'이 온전히 이루어져야 하는 것이지요. 예수님의 초림 저지에 실패한 사탄은 총력을 다하여 예수님의 재림을 막으려 할 것입니다. 언약 성취를 위해 쉬지 않으시는 하나님과 이를 대적하는 사탄 사이의 영적 전투는 더욱 치열해질 것입니다. 하지만 하나님은 승리하십니다. 언약이 완성되고, 복음이 완성되며, 하나님의 나라가 완성될 것입니다. '마귀의 일을 멸하실' 예수 그리스도(요일 3:8) 앞에서 이스라엘이 가야 할 길과, 이방인의 역할이 있습니다. 그리스도 예수의 좋은 군사로 이 역할을 잘 감당해야 하겠습니다. 'Perhaps Today!' 어쩌면 오늘! 이 마음으로 매일을 살아가게 되시길 축복합니다. "아멘. 주 예수여, 오시옵소서!"

주제 말씀 암송

스가랴 12:9-10
⁹예루살렘을 치러 오는 이방 나라들을 그 날에 내가 멸하기를 힘쓰리라 ¹⁰내가 다윗의 집과 예루살렘 주민에게 은총과 간구하는 심령을 부어 주리니 그들이 그 찌른 바 그를 바라보고 그를 위하여 애통하기를 독자를 위하여 애통하듯 하며 그를 위하여 통곡하기를 장자를 위하여 통곡하듯 하리로다

요한계시록 19:15-16
¹⁵그의 입에서 예리한 검이 나오니 그것으로 만국을 치겠고 친히 그들을 철장으로 다스리며 또 친히 하나님 곧 전능하신 이의 맹렬한 진노의 포도주 틀을 밟겠고 ¹⁶그 옷과 그 다리에 이름을 쓴 것이 있으니 만왕의 왕이요 만주의 주라 하였더라

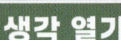

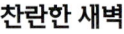 찬란한 새벽

Some glorious morning

Some glorious morning sorrow will cease
Some glorious morning all will be peace
Heartaches all ended school days all done
Heaven will open Jesus will come
Some golden daybreak Jesus will come
Some golden daybreak battles all won
He'll shout the victory break through the blue
Some golden daybreak for me, for you

찬양의 가사는 어떤 생각을 갖게 하나요?

다시 오실 만왕의 왕 예수님

아버지가 자녀와 숨바꼭질을 할 때, 절대로 발견하지 못하도록 숨나요? 발견할 수 있도록 해 주나요? 예수님은 재림에 대해 묻는 제자들에게 '그 날과 그 시는 알 수 없지만' 재림 전에 일어날 일들에 대한 힌트를 주셨습니다.

감람산 강화(마 24장, 막 13장, 눅 21장)가 바로 그것입니다. 즉, ❶ 거짓 그리스도와 거짓 선지자들이 일어나 많은 사람을 미혹하고 할 수만 있으면 택하신 자들도 미혹함 ❷ 난리와 난리의 소문, 민족이 민족을 나라가 나라를 대적하여 일어남, 곳곳에 기근과 지진(큰 지진, 전염병-눅 21:11) 현상이 있겠고 이것은 재난(오딘 ὠδίν, 산통 산고 / 참고-사 66:9의 헤벨 חֶבֶל, 산통)의 시작임 ❸ 끝이 오기 위한 전제 조건-하나님 나라 복음이 모든 민족에게 온 세상에 전파됨 ❹ 마 24:26과 다르게 주님의 임하심은 번개가 동쪽에서 나서 서편까지 번쩍임 같이 순간적으로 임하심(마 24:27) ❺ 환난 후에 오심. 다시 오시는 모습은 구름을 타고, 큰 나팔 소리와 함께 임하시며, 천사들이 택하신 자들을 하늘 이 끝에서 저 끝까지 사방에서 모으시는 일이 있을 것임 ❻ 위의 모든 일을 보거든 예수님이 가까이 곧 문 앞에 이른 줄 알아야 함(하나님 나라가 가까이 온 줄 알아야 함-눅 21:31) ❼ 주님 다시 오시는 날은 오직 아버지만 아심 ❽ 예수님 재림 직전의 양상은 홍수로 멸망하기까지 깨닫지 못한 노아의 때와 같을 것임(참고-롯의 때 눅 17:28-30) ❾ 데려가는 자와 버려둠을 당한 자가 있음(구원받을 자와 멸망할 자의 명확한 구별) ❿ 그러므로 깨어 있고 준비하고 있어야 하며 충성되고 지혜 있는 종이 되어 '때에 맞는(카이로스 καιρός, 하나님의 시간표 상의 목적과 계획에 맞는) 양식'을 나눠

주는 자 되어야 함과 같은 내용입니다. 우리는 이 같은 내용을 부지런히 연구하고 살피며 상고해야 합니다(벧전 1:10-11).

(1) 재림에 관하여 예수님께서 가르쳐주신 내용은 무엇인가요? 마태복음 24장에 제시된 관련 내용을 찾아보세요.

	마태복음 24장, 재림과 관련된 예수님의 가르침	
	구절	핵심 포인트
❶	4-5 (11-12, 23-24)	
❷	6-8	
❸	14	
❹	27	
❺	29-31	
❻	32-34	
❼	36	
❽	37-39	
❾	40-41	
❿	42-46	

예수님은 어떤 모습으로 오실까요? 천사들이 들려 준 힌트가 있습니다. 감람산에서 하늘로 올려져 가시는 예수님을 주시하며 바라보는 제자들에게 준 힌트죠. "하늘로 가심을 본 그대로 오시리라"(행 1:11) 였습니다.

사도들 역시 재림에 대한 힌트를 줍니다. 예컨대, 바울은 주님께서 호령과 천사장의 소리와 하나님의 나팔 소리와 더불어 하늘로부터 강림하실 것이며, 이 때 '그리스도 안에서 죽은 자들'이 먼저 일어나고 그 후에 '우리 살아 남은 자들'도 그들과 함께 구름 속으로 끌어 올려 공중에서 주님을 영접하게 될 것에 대해 제시합니다. 또한 때와 시기에 관하여 도둑같이 갑자기 이르게 될 것이나, 빛의 아들로 깨어 있는 성도들에겐 도둑 같이 임하지 않을 것임을 강조합니다(살후 4:16-5:4).

야고보는 주님 즉 심판주께서 문밖에 서 계시는 것처럼 재림이 가까우니, 귀한 열매를 얻기 위해 이른비와 늦은비를 기다리며 인내하는 농부처럼 길이 참고 기다리며 마음을 굳건하게 할 것을 촉구합니다(약 5:7-9).

베드로는 만물의 마지막이 가까웠다고 표현하며 '정신을 차리고 근신하여 기도'할 것과 무엇보다 '뜨겁게 사랑하고 허다한 죄를 덮을 것'을 권면합니다(벧전 4:7-8). 특히 주님의 약속은 더딘 것이 아니라 아무도 멸망하지 아니하고 다 회개하기에 이르기를 원하시는 오래 참으심으로, 이 은혜에 동참하여 '전도'할 것을 강조하고 있습니다(벧후 3:7-14). 이는 바울이 **하나님 앞과 산 자와 죽은 자를 심판하실 그리스도 예수 앞에서 그가 나타나실 것과 그의 나라를 두고 엄히 명한 것**, 바로 **'말씀을 전파'**하고 **'전도자의 일을 하라'**는 것과 동일한 강조입니다(딤후 4:1-5).

요한은 예수님께서 구름을 타고 오시는데, '각 사람' 즉 예수님을 찌른 자 '유대인들'도 볼 것이며(슥 12:10 참조), 예수님을 거부한 모든 '이방인들'도 심판에 대한 두려움과 통렬한 후회 가운데 놀라 통곡하게(애곡하게, 콥손타이 κόψονται) 될 것임을 예언합니다(계 1:7). 주님의 재림이 구원받지 못한 자들에게는 심판과 두려운 날이 되는 것이며, 반면 구원받고 예수님의 재림을 기다리는 성도들에게는 마침내 세상 수고를 마치는 날이며, 주님이 '상'을 가지고 '속히' 오사 '행한 대로' 갚아주시는 날이 됩니다(계 22:12). 이 날을 고대하며 준비하는 성도라면, 요한이 드렸던 '간절한 탄원'을 마음 깊은 곳으로부터 함께 드리게 될 것입니다. "아멘. 주 예수여, 오시옵소서!"(계 22:20).

성경은 재림의 장소에 관하여도 분명하게 제시합니다. 스가랴 선지자는 그 장소가 '감람산'임을 밝힙니다(슥 14:4). 이 장소는 예수님이 승천하신 장소이기도 합니다(행 1:12).

(2) 천사들은 재림에 관하여 어떻게 말하였나요?

행 1:10-11

(3) 사도들이 재림과 관련하여 특별히 강조한 바는 무엇인가요?

	사도	성경 구절	재림에 관하여 특별히 강조한 내용
1	바울	살전 4:16-5:4 딤후 4:1-5	
2	야고보	약 5:7-9	
3	베드로	벧전 4:7-8 벧후 3:7-14	
4	요한	계 1:7 계 22:12, 20	

(4) 스가랴 선지자가 제시하고 있는 재림의 장소는 어디인가요? 문자적 또는 상징적 장소 중에 어떤 장소라고 생각하시나요?

슥 14:2-4

초림 때 예수님이 '유대인의 왕'이라 강조되어 기록된 것을 기억하시나요? 예수님은 온 우주 모든 이들의 왕이시나(히 1:2-3) 초림 때는 구약 메시아 언약의 성취(마 1:1)와 유대인을 통한 하나님의 언약 성취의 시작과 확장(요 4:22) 측면에서 '유대인의 왕'이심이  강조되었습니다(마 2:1-2). 하지만 장차 있을 재림 때에는 온 세상에 대한 하나님의 구속사의 완성 측면에서 '만왕의 왕'이심이 강조되고 있습니다(슥 14:9; 계 19:16). 예수님의 탄생 기사에서 시므온이 주의 구원을 보았다고 말하면서 이는 '만민' 앞에 예비된 것으로 '이방'을 비추는 빛이요, 주의 백성 '이스라엘'의 영광이라고 찬송한 것을 떠올려보시기 바랍니다(눅 2:30-32). 바울 또한 복음에 관하여 '모든 믿는자'에게 구원을 주시는 하나님의 능력이 됨을 말하면서 먼저는 '유대인'에게요, 그리고 '헬라인(이방인)'에게라고 제시한 것도 생각해 보시기 바랍니다(롬1:16).

예수님의 재림은 전쟁의 상황에서 이루어집니다. 지상의 관점(슥 14:1-4)에서 제시되느냐 천상의 관점(계 19:13-16)에서 제시되느냐의 차이가 있을 뿐, 이방 나라들이 모여 이스라엘을 치는 전쟁 상황 속에 개입해 들어오셔서 이스라엘을 구원하십니다. 그 결과는 지옥의 삼위일체라 할 수 있는 죄와 사망과 사탄에 대한 심판입니다. 다른 관점으로는 **'구원의 완성'**이요 **'언약의 완성'**이며 **'하나님의 나라의 완성'**입니다.

(5) 구·신약에서 메시아(예수님)의 다시 오심과 관련된 상황 및 호칭은 어떻게 되나요?

	성경 구절	상황	호칭
구약	슥 14:1-4 (지상의 관점)		슥 14:9
신약	계 19:13-16 (천상의 관점)		계 19:16

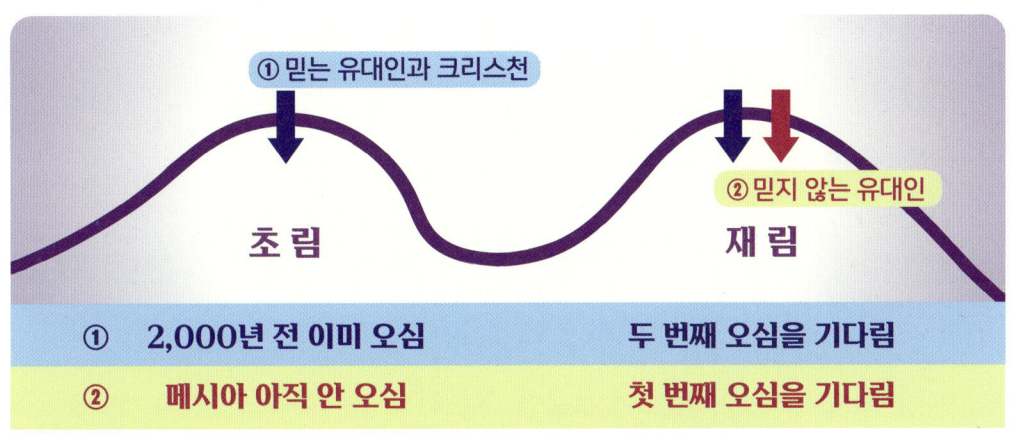

- 조용히
  - 베들레헴 　　　　　　미 5:2
  - 한 아기-아들 　　　　사 9:6
- 나귀 타고 　　　　　　　슥 9:9
- 은혜의 해-구원 　　　　　사 61:2
- 십자가-어린양 　　　　　요 1:29
  - 고난의 종 　　　　　사 53
- 유대인의 왕 　　　　　　마 2:2
- D-day(사형선고) 　　　　골 2:14

- 모든 사람이 알도록
  - 감람산 　　　　　　　슥 14:4
  - 호령, 하나님 나팔 소리 　살전 4:16
- 백마 타고 　　　　　　　계 19:11
- 보복의 날-심판과 회복 　　사 61:2
- 보좌-유다 지파의 사자 　　계 5:5
  - 영광의 왕 　　계 11:15; 시 24:7
- 만왕의 왕 　　　　　　　계 19:16
- V-day (사형집행) 　　　계 20:3, 10

2

재림을 위한 전제: 한 새 사람

지진이나 기근 전염병 외에 주님 다시 오심을 짐작할 수 있는 역사적으로 확인할 수 있는 징조가 있을까요? 지진이나 기근 전염병은 과거 계속 있어왔던 일들이라 할 수 있거든요. 물론 지진의 경우 강도와 빈도가 현대에 들어 더 강해지고 많아진다는 차이는 있지만요. 여기, 역사적으로 확인할 수 있는 징조가 있습니다. 바로 '복음 전파'입니다. 2,000년 전 이방인의 사도로 복음 전파의 사명을 받았던 유대인 바울은 그의 책 로마서 첫 장에서 "이 복음은 모든 믿는 자에게 구원을 주시는 하나님의 능력이 됨이라. 먼저는 유대인에게요, 그리고 헬라인에게로다."(롬 1:16)라고 선언했습니다.

바울에 앞서 예수님께서는 '유대인에게서 시작'된 복음이(요 4:22) 그리고 '예루살렘에서 시작'된 죄 사함을 받게 하는 회개가(눅 24:47) '모든 족속'에게 전파될 것이라 예언하셨습니다. 마태는 이 부분을 "이 천국 복음이 모든 민족에게 증언되기 위하여 '온 세상'에 전파되리니 그제야 '끝'이 오리라"(마 24:14)고 기록했습니다. 이것은 역사적으로 우리 시대에 확인할 수 있는 분명한 징조가 됩니다. 주님 다시 오심의 전제는 '모든 족속', '온 세상'에 복음이 전파되는 것입니다. 이를 위해 2010년 세계교회 역사상 가장 중요한 회의가 열렸

습니다. 성경 번역기관 10개의 연맹체가 '모든 족속, 모든 나라(Every Tribe, Every Nation, ETEN)'에 구원의 메시지가 분명하게 전해지는 것을 목표로 상호 협력 및 자원 공유를 약속한 것입니다. 이로 인해 2033년까지 현존하는 '모든 언어'로 성경을 최소한 일정 부분만이라도 번역하기 위해 가히 빛의 속도로 성경 번역 출판을 하고 있다고 합니다. 지상명령의 성취가 현실감 있게 다가오고 있습니다.

우리 주님 다시 오심의 또 하나의 전제는 마 24:14 전에 언급된 마 23:39의 '**유대인**'**에게의 복음 전파**입니다. 하나님 나라는 이방인 만으로 충분하지 않고, 유대인 만으로 충분하지 않습니다. 이방인과 유대인 모두가 필요합니다. "예루살렘아! 암탉이 그 새끼를 날개 아래 모음 같이 내가 네 자녀를 모으려고 한 일이 몇 번이더냐! 그러나 너희가 원하지 아니하였도다."(마 23:37) 먼저 복음을 전해 들었지만 이를 거부한 유대인들을 안타까워 하시며 예수님은 "이제부터 너희는 '찬송하리로다! 주의 이름으로 오시는 이여' 할 때까지 나를 보지 못하리라"(마 23:39) 예언하였습니다. 역으로 말하면, 이스라엘이 '찬송하리로다! 주의 이름으로 오시는 이여' 외치며 예수님을 메시아로 인정하게 될 때라야 예수님을 보게 될 것이라는 말씀입니다. 유대인이 예수님을 영접하게 될 때 우리 주님 다시 오신다는 것입니다. 즉, 주님의 몸된 교회에 이방인과 유대인이 모두 들어오게 되었을 때 주님 다시 오신다는 의미입니다.

(1) 예수님이 다시 오시기 위해 '유대인'과 '이방인'에게 복음과 관련하여 있어야 할 중요한 전제는 무엇인가요?

> 마 23:39
>
>
> 마 24:14

에베소서는 교회론의 교과서와 같은 책입니다. 안디옥교회가 유대인과 이방인이 하나 된 교회가 된 이후, 바울의 전도로 에베소 역시 유대인과 이방인이 하나 된 교회가 되었습니다(행 19:8-10). 바울은 에베소서에서 이를 '한 새 사람(one new man, 엡 2:15)'이라고 표현합니다. 예수님께서 십자가로 유대인과 이방인 이 둘을 한 몸으로 하나님과 화목하게 하셨습니다. 한 새 사람은 '하나님의 권속(엡 2:19, 오이코스 οἶκος 가족)', 그리스도를 머리로 하는 '교회(엡 5:23, 에클레시아 ἐκκλησία 부름 받은 자들의 모임)', '그리스도인'(행 11:26)과 같은 맥락의 용어입니다. 구약의 용어로 하면 하나님이 아브라함에게 약속하신 '하나님의 백성'입니다(창 17:7-8; 출 3:10).

한 새 사람의 비밀은 예수 그리스도의 십자가에 있습니다. 바울과 같은 유대인의 복음 전파로 말미암아 이루어졌습니다. "이방인들이 복음으로 말미암아 그리스도 예수 안에서 함께 상속자가 되고, 함께 지체가 되고, 함께 약속에 참여하는 자가 된" 것입니다(엡 3:6). '함께'라는 단어를 주목하세요. 유대인이 배제 된 것이 아님을 기억하세요. 오히려 이방인이 유대인과 함께 하게 된 것임에 유의하셔야 합니다. 이는 하나님의 시간표 마지막 시즌에 복음의 빚진 자로서(롬 15:27) 이방인들이 유대인 전도에 힘쓸 것을 촉구합니다(사 52:7; 롬 10:15). 이로 인해 2,000년 전 유대인의 전도로 이방인이 함께 하게 된 것처럼(안디옥교회와 에베소교회), 오늘날에는 역으로 이방인의 전도로 유대인이 함께 하는 교회가 되어야 합니다. **'한 새 사람'의 확장**이 일어나야 합니다.

예수님은 요한복음 17장의 '대제사장 기도'에서 함께 하고 있는 제자들만을 위해 기도한 것이 아니요, 그들의 말(전도)로 말미암아 예수님을 믿게 되는 사람들을 위해 중보하셨습니다. 즉, 그들로 다 '하나'가 되어 하나님 아버지와 예수 그리스도 안에 있게 될 것을 기도하셨습니다(요 17:20-21). 앞서 예수님은 요한복음 10장에서 "이 우리(sheep pen)에 들지 아니한 다른 양들이 내게 있어 내가 인도하여야 할 터이니 그들도 내 음성을 듣고 '한 무리'가 되어 '한 목자'에게 있으리라"(요 10:16) 말씀하셨습니다. 세계 선교 역사에서 수 많은 선교사들이 이 말씀을 주장하며 '우리 안에 들지 아니한 양'을 찾아 이방 선교에 헌신하였고 우리는 그 풍성한 결과를 보고 있습니다.

사실 이러한 결과는 초대 예루살렘공의회의 결정에 빚진 바가 큽니다. 야고보는 아모스 선지자가 예언한 '다윗의 무너진 장막의 회복'(암 9:11-12)을 인용하여, 이방인이 교회에 들어오는 당시 상황을 '유대인과 이방인 한 새 사람의 성취'로 보고 이방인에게 자유를 주었으며(행 15:15-16), 이러한 결정은 이방인 선교의 결정적인 기폭제가 되었습니다. 이로 인해 복음은 서쪽으로 서쪽으로 전파되었고(복음의 서진), 이제 때가 되어 유대인 전도에도 힘쓸 때가 되었습니다. 유대인에게 땅 끝은 이방이지만, 이방인에게 땅 끝은 예루살렘입니다(행 1:8).

(2) '유대인'과 '이방인'의 하나 됨(one new man, 한 새 사람)과 관련하여 신약 성경은 무엇이라 말하고 있나요?

> 엡 3:6
>
> 참고 엡 2:12-13; 18-22
>
> 요 17:20-22
>
>
> 참고 요 10:16
>
> 행 15:15-16

한 새 사람은 신약에서만 나오는 개념일까요? 아닙니다. 구약에서도 한 새 사람을 강조하고 있습니다. 이스라엘만 하나님의 백성이라 칭할 것으로 생각되는 구약에서 이사야 선지자는 놀라운 예언을 합니다. 이사야 19장을 주목해 보세요. 하나님께서 애굽과 앗수르를 어떻게 부르시는지에 유의하시기 바랍니다. "그 날에 애굽에서 앗수르로 통하는 대로가 있어 앗수르 사람은 애굽으로 가겠고, 애굽 사람은 앗수르로 갈 것이며, 애굽 사람이 앗수르 사람과 **함께 경배**하리라. 그 날에 이스라엘이 애굽 및 앗수르와 더불어 셋이 세계 중에 복이 되리니 이는 만군의 여호와께서 복 주시며 이르시되 **내 백성 애굽**이여, **내 손으로 지은 앗수르**여, **나의 기업 이스라엘**이여, 복이 있을지어다 하실 것임이로다."(사 19:23-25)

대학 시절 선교회에서 믿는 형제들과 공동체 생활을 했었습니다. 시편 133편은 당시 믿는 형제들과의 아름다운 동행을 확인하게 하는 말씀이었습니다. 하지만 시간이 흘러 이 구절에서 강조하는 '형제의 연합'은 유대인과 이방인이 함께 하는 연합으로 확장되어 이해되어져야 함을 깨닫게 되었습니다. 새로운 시야가 뜨이는 순간이었습니다. 시편 기자는 형제가 연합하여 동거함을 머리에 있는 보배로운 기름이 수염 곧 아론의 수염에 흘러서 그의 옷깃까지 내림 같다고 비유합니다. 이 비유는 대제사장의 위임식 가운데 가장 중요한 7일 째 올리브 기름을 머리에 붓는 의식을 이해해야 합니다. 머리가 아닌 이마에 기름을 붓게 되는데요, 그럴 때 기름은 수염을 거쳐 옷깃까지 흘러 내리게 됩니다. 형제가 연합하여 동거함이 마치 대제사장 위임식과 같은 가치가 있으며, 위임식 가운데서도 절정인 기름부음과 같다는 의미이지요. 복음 전도를 통해 형제가 함께 하게 되며, 하나님의 구속사 큰 그림에서 유대인과 이방인이 함께 하게 되는 것! 마지막 때, 우리 인생에서 가장 가치 있고 의미있는 일이 아닐까요?

하마스와 이스라엘 전쟁(2023년 10월 7일 발발)에서 보는 것처럼, 현실적으로 유대인과 아랍인은 원수의 관계로 있습니다. 그러나 예수님의 복음은 그 원수를 하나가 되게 합니다. 아래 사진처럼 예수님을 믿는 유대인과 예수님을 믿는 아랍인이 그 증거입니다. 중동의 평화는 예수님을 구세주로 생의 주인으로 모셔들일 때에만 가능합니다.

> **한 걸음 더** **메시아닉 유대인과 아랍인 크리스천의 세족식**
>
> 사진 출처: Brad TV
> 영화 <용서> 중에서
>
> "팔레스타인 사람들에게 유대인을 사랑하는 마음을 부어 주셨습니다. 아주 이상한 일입니다. 그 사랑이 더 커지면서 아브라함과의 언약이 영원하다는 것을 깨달았습니다. 유대인을 사랑한다면서 아랍인을 미워할 수 없고, 아랍인을 사랑하면서 유대인을 미워할 수 없습니다. 예수님께서는 이 둘 모두를 위해 십자가에서 돌아가셨고, 두 민족을 다 사랑하셨습니다. 두 민족 모두 예수님을 알기 원하십니다."
>
> - 베들레헴 제일침례교회 나임 쿠리(Naim Khoury), 이스라엘 CTS 특별방송 인터뷰 중 -

(3) '유대인'과 '이방인'의 하나 됨(one new man, 한 새 사람)과 관련하여 구약 성경은 무엇이라 말하고 있나요?

사 19:23-25

시 133:1-3

사진으로 보는 이스라엘

〈감람산에서 바라본 황금문, 예루살렘〉

유월절(니산월 14일)을 앞두고 양을 집에 들여 흠이 있는지 점검하는 날인 니산월 10일, 바로 그날에 예수님은 하나님의 어린양으로 십자가에 죽으시기 위해 예루살렘에 입성하셨습니다. 그때, 입성하셨던 문이 황금문(Golden Gate, 동문)이라 여겨지고 있습니다. 또한 유대인들은 전통에 따르면 장차 재림 때에, 메시아가 감람산에서 내려와 입성하실 문 또한 황금문이라 믿고 있습니다. 이런 연유로, 오스만 제국의 술탄 술레이만 1세(16세기)는 이 문을 사진처럼 돌로 봉쇄하고, 그 앞에 이슬람 공동묘지를 조성하여(유대인의 제사장은 죽은 자의 무덤을 지나면 부정해지기 때문), 메시아의 도래를 차단하려 했습니다. 예나 지금이나 예수님의 다시 오심을 막으려는 세력의 대적하는 움직임이 있습니다. 하지만 메시아 예수님은 약속하신 대로, 반드시 다시 오십니다.

3. 재림에 대한 방해: 영적 전쟁

언약의 역사가 가져오는 필연적인 결과는 무엇일까요?

그것은 전쟁의 역사입니다. 창 3:15의 구속사의 시작 언약으로 메시아 약속이 주어진 이후 사탄은 이 언약이 성취되는 것을 필사적으로 방해하고 대적하였습니다. 초림에 대한 저지입니다. 성경은 사탄 편에서의 이 역사도 놓치지 않고 기록하고 있습니다. 아브라함에게 하신 약속대로 이스라엘은 애굽으로 내려가 430년을 지내게 됩니다. 요셉을 통한 이스라엘 보존이라는 돌보심이 있었지요. 그런데 예수님 태어나기 약 1,500년 전, 애굽 땅에서 이스라엘이 번성하게 되자, 사탄은 **바로**의 '영아 살해'를 통해 '아브라함 씨의 단절'을 꾀했습니다(출 1:16-22). 이스라엘을 지우려고 하는 시도죠.

이어 예수님 태어나기 약 900년 전, 아합 왕과 이세벨의 딸로 이스라엘로 시집온 **아달랴**가 자신의 아들 아하시야(유다 왕국 6대 왕)가 죽은 것을 보고 자신이 대신하여 왕위에 오르기 위해 '다윗 왕가의 자손을 모두 멸절'시키는 사건이 발생합니다. 놀랍게도 어린 요아스(유다 왕국 8대 왕) 한 사람을 보존하심으로 사탄의 계획은 또 실패로 돌아갑니다(왕하 11:1-3). 계속해서 예수님 탄생 약 500여 년 전에 페르시아에서 권력을 쥐고 있던 **하만**이 유대인을 멸절시키려는 계략을 꾸미죠(에 3:12-14). 하지만 하만은 유대인 모르드개를 매달려고 한 나무에 자기가 달리게 됨으로 이 역시 실패하게 됩니다(에 7:9-10).

예수님이 탄생하셨습니다. 사탄의 마음이 초조해지겠네요. 동방박사가 예루살렘까지 와서 '유대인의 왕'으로 나신 이를 찾자, **헤롯왕**은 결국 2살 이하의 사내아이를 모두 살해하는 끔찍한 일을 벌입니다(마 2:16-17). 하지만 이미 주의 사자가 요셉에게 현몽함으로 아기 예수님은 애굽으로 피신될 수 있으셨고(마 2:13-15), 초림을 막기 위한 사탄의 계획은 실패로 돌아갔습니다. 하나님의 역사와 언약 성취를 막고자 하는 사탄의 대적의 역사가 보이시나요?

(1) 메시아의 초림을 저지하기 위해 사탄이 벌인 사건들에는 어떠한 것이 있을까요?

출 1:16-22

왕하 11:1-3

에 3:12-14

마 2:16-17

> **한 걸음 더**
>
> 2,000년 전, 예수님의 초림을 위해 유대인 가족이 준비되었습니다. 아브라함과 다윗의 자손입니다. 또한 예언이 응할 이스라엘 땅이 준비되었습니다. 초림을 위해 반드시 설정되어 있어야 할 장면입니다.
>
> 마찬가지로, 재림을 위한 장면들(유대인과 이스라엘 땅)이 설정되고 있습니다. 2,000년의 시간이 흘러, 역사의 무대에서 사라졌던 유대인들이 조상들의 땅으로 돌아오고 있습니다. 이스라엘이 재건되었고, 예루살렘도 회복되었습니다.
>
> "바룩 하바 붸셈 아도나이(찬송하리로다 주의 이름으로 오시는 이여)" 외치는 유대인들이 생겨나고 있습니다.

2,000년 전 사탄은 십자가에서 예수님의 발꿈치를 상하게 했습니다. 하지만 예수님은 사탄의 머리를 상하게 합니다(창 3:15). 세상 죄를 지고 가는 하나님의 어린 양으로(요 1:29) 성경대로 십자가에서 우리 죄를 위하여 죽으시고 장사지낸 바 되셨다가 성경대로 사흘 만에 다시 살아나셔서(고전 15:3-4), 부활의 능력으로 하나님의 아들로 선포되셨습니다(롬 1:4). 그리고 승천하시어 하나님 보좌 우편에 앉으셨습니다. 그런데, 메시아의 사명은 이것으로 끝이 아닙니다. 산 자와 죽은 자를 심판하시기 위해 다시 오심이 예언되어 있습니다. 사탄에게는 두려운 일입니다. 마침내, 예수님의 십자가 승리로 무력화된 사탄은(골 2:14-15 사형 선고), 재림 때 사형 집행에 들어갈 것이기 때문입니다. 그의 최후는 무저갱과 불못입니다(계 20:3, 10). 여러분이 사탄이라면 어떻게 하시겠습니까? 재림을 필사적으로 막아야 하지 않을까요?

주님의 재림은 이스라엘과 밀접한 연관이 있습니다. 초림 때도 이스라엘에게 주어진 역할이 있었듯, 재림에도 분명한 역할이 있습니다. 앞서 언급했지만 이스라엘이 나라가 되고(사 66:7-8) 예루살렘이 회복되는 일이 있을 것이며(눅 21:14) "이러한 일을 보게 되면 인자가 문 앞에 가까이 온 줄 알라"고 예언되어 있습니다(마 24:33; 눅 21:31). 또한 '끝날'에 이스라엘이 흩어진 곳으로부터 다시 돌아오는 기적이 있을 것이라 했으며(신 4:30), 이스라엘이 예수님을 메시아로 인정하는 찬양의 외침이 있어야 우리 주님 다시 오신다고 하셨습니다(마 23:39). 사탄이라면 끝날 즉, 예수님 문 앞에 가까이 오실 징조들을 막아야 하지 않을까요?

역사적으로 예루살렘의 이맘(지도자) 하즈 아민 알 후세이니(Haj Amin al-Husseini)는 아랍 민족주의 지도자이자 무프티(이슬람법을 해석하는 학자)로서 1941년 히틀러를 만나 유대인들의 이스라엘 땅 귀환을 반대하고, 독일의 유럽 유대인 학살을 요청했습니다. 만약, 히틀러가 유대인을 추방하는 정도로 그치면 그 유대인이 이스라엘의 고토로 돌아올 것이기 때문이었습니다. 이에 후세이니는 독일의 유대인 학살을 군사적으로 지원하기도 했습니다. 또한 중동에서도 유대국가 설립을 허용하지 말 것을 요청했습니다. 2차대전 후 후세이니는 이집트로 망명하였고, 이때 친척인 아라파트(1964년 팔레스타인 해방 기구 PLO 설립)는 후세이니를 만나 그에게서 이념적 영향을 받았습니다.

성경은 후세이나 하마스와 같은 집단의 행동에 대해 기록하고 있습니다. 이는 당대만이 아니라 현대까지도 반복되는 예언적 주제라 할 수 있습니다. 시 83:4에서는 주의 원수들이 이스라엘을 치려고 간계를 꾀하며 서로 의논하여 "가서 그들을 멸하여 **다시 나라가 되지 못하게** 하여 **이스라엘의 이름으로 다시는 기억되지 못하게** 하자"고 함을 기록하고 있습니다(시편 2편 참조). 하마스 헌장 서문은 "이스라엘은 이슬람이 그것을 흔적도 없이 사라지게 할 때까지만 존재할 것"임을 밝히고 이스라엘의 국가로서의 존재 자체를 부정하며, 이슬람이 이를 제거하여 나라가 되지 못하게 할 것을 선언하고 있습니다.

사 43:6은 알리야에 관한 구절입니다. 특히 "북쪽에게 이르기를 내놓으라, 남쪽에게 이르기를 가두어 두지 말라"고 명하십니다. 이스라엘의 북쪽은 러시아이며, 1980년대 당시 전 세계에서 가장 큰 유대인 커뮤니티는 소련에 있었고 그 수가 약 300만 정도였습니다. 1950년대 초반 이후 **이스라엘을 향하여 교묘히 감추어져 있던 소련의 적대주의**가 드러나고 있었기 때문에, 그 누구도 소련 정부가 유대인들의 이스라엘 이민을 허락할 것이라고는 예상하지 못했습니다(랜스 램버트, 이스라엘의 본질, 12.). 하지만, 소련 해체를 전후로 1989년부터 2009년까지 대략 160만 유대인의 이주가 있게 되었습니다. 그중 이스라엘로 약 100만 명이 이주했으며, 현재 이스라엘에서 구소련 유대인, 이른바 '러시아어를 사용하는 유대인'은 전체 인구의 약 20%를 차지합니다(최아영 2022. 아시아리뷰 12(3), 82.). **알리야를 막고 있던 소련**이지만, 때가 되어 하나님의 "내놓으라" 하시는 명령에 복종하게 된 것입니다.

유대인의 해상 알리야 1947년 7월 18일, 영국의 이민 금지 조치를 피해 해상으로 입국한 유대인과 팔마흐에 의한 수송선 맞이(팔마흐: 유대인 무장 민병대인 하가나의 정예부대)

수용소 복장 그대로의 알리야 1945년 7월 15일 부헨발트 나치 강제 수용소에서 살아남은 유대인 생존자들의 일부가 줄무늬 수용소복을 입은 채로 알리야(이스라엘 북부 하이파 항구에 정박해 있는 난민 이민선 마타로아호 갑판에서 찍은 사진)

유대인의 하늘길 알리야 Nefesh B'Nefesh(네페쉬 브네페쉬)라는 알리야 기관의 주관으로, 2007년 12월-벤구리온 공항에 도착한 올림들(알리야한 사람들)의 기념 사진

약속의 땅에 돌아온 감격 2021년 6월 인도 므낫세 지파 알리야

이스라엘의 남쪽에 에티오피아가 있습니다. 전 세계에서 가장 오래된 유대인 커뮤니티 중 하나입니다. **마르크스주의를 신봉하는 멘기스투 정부**는 초기에 (1974~1980년대 초) **이스라엘과의 관계를 단절하고 알리야에 대해 저항적**이었습니다. 자본주의 체제와 반유대주의적 시각의 이슬람 국가와의 관계를 고려하여 유대인의 이주를 승인하지 않았던 것입니다. 하지만 1984년 대기근과 정치적 혼란으로 국제적 지원이 필요하게 되었고, 이때 이스라엘의 지원을 받기 위한 협상이

본격화 되었습니다. 결국 모세작전(1884~85)으로 8,000명이, 솔로몬 작전(1991)으로 14,000여 명이 알리야하게 되었습니다. 이후 계속적인 알리야로 현재 16만 명 이상이 이스라엘에 거주하고 있습니다. "가두어 두지 말라"는 명령이 현실이 되었습니다. 욜 3:2은 하나님께서 '나의 땅'이라 밝히시는 이스라엘 땅을 나누는 행위에 대해 하나님께서 장차 심문하실 것임을 예언하십니다. **두 국가 체제**는 이스라엘 땅을 나누어 이스라엘과 팔레스타인 두 개의 독립적 국가를 수립, 갈등을 해결하자는 것입니다. 예루살렘의 경우 1967년 이스라엘이 탈환하여 공식 수도로 선언함으로(1980) 그 주권이 이스라엘에게 있습니다. 하지만 **예루살렘을 나누어 동예루살렘을 팔레스타인의 수도로 삼을 것을 주장**하고 있습니다. 사람들 눈에는 평화의 좋은 방법으로 보일지 모르나, 눅 21:24의 예수님의 예언에 정면으로 대적하는 시도라 여겨집니다. 즉, 예루살렘의 주권이 회복되었음에도 다시 그 이전으로 되돌리려는 시도는 하나님의 섭리를 방해하는 것이 됩니다.

예수님 다시 오시기 위해 반드시 열방에 복음이 전파되어야 하고, 유대인 또한 예수님을 메시아로 영접하고 구원받아야 합니다. 지난 2,000년의 유대인의 디아스포라 역사 가운데, 사탄은 **반유대주의**를 사용하여 십자군 전쟁이나 스페인 종교재판, 홀로코스트 등을 일으켰으며, **유대인들이 예수님과 멀어지게** 만들었습니다. 결과는 성공적으로 나타납니다. 거짓 정보가 만들어지고 전수되었습니다. 그들에게 예수님은 유대인이 아닌 로마 바티칸에서 자란 이탈리아인이 되어버렸습니다. 기독교가 2천 년 가까이 보여준 유대인에 대한 혐오와 비난으로 인해 **'예수'의 이름은 저주의 이름**이 되었고 금기어가 되었으며, 역사적으로 매우 꺼려지는 존재가 되었습니다. 급기야 일상에서 머리 끝까지 화가 날 때 하는 가장 심한 말이나 욕설이 'Jesus Christ!'가 되었고, 예수를 믿는 것은 민족을 배반하는 행위로 간주되었습니다. **십자가 또한 저주의 상징**이 되었습니다. 우연히 십자가를 보았는데 마치 드라큘라를 만난 듯 경기를 일으켰다는 한 유대인의 어린시절 이야기도 들어보았습니다. **신약 성경**은 교황이 쓰거나 유대인들을 죽인 사람들이 쓴 반유대적인 책으로, 유대인들을 증오하도록 가르치는 기독교의 책이자 유대인을 핍박하는 법을 알려주는 책으로 인식되었습니다. 당연히 멀리하게 되며 **쓰레기로 여기는 문화**가 형성되었습니다. 우리가 알고 있는 예수님과 전혀 다른 예수님이 되었습니다. 그 결과 유대인이 예수님을 메시아로 알고 영접하는 일은 거의 불가능한 것이 되었습니다. 그동안 사탄이 마 23:39의 성취를 막기 위해 얼마나 애를 썼는지 보게 됩니다. 사탄은 여전히 바쁩니다.

(2) 사탄이라면 예수님의 다시 오심을 막기 위하여 어떠한 행동을 하리라 생각되나요? 특히 유대인과 이스라엘에 대해서는 어떠한 행동을 하리라 예측되시나요?

시 83:4, 12

사 43:6

욜 3:2

마 23:39

참고 마 24:14

에스겔 35장에서도 이스라엘을 대적하는 다양한 양상을 발견하게 됩니다. 주의할 것은 이에 대해 하나님께서 어떻게 반응하시는지도 함께 보아야 한다는 것입니다. 즉, 이스라엘에 대해 오래된 '한(헤마 חֵמָה)', 즉 강한 분노와 격렬한 증오를 품고 칼로 이스라엘을 공격하는 것(5절)에 대해, 하나님은 대적이 피 흘리기를 미워하지 아니한즉 피가 그 대적을 따르게 될 것이며, 이로 인해 죽임당하는 자가 많고 성읍이 황폐하게 될 것이라고 예언합니다(6-9절). 또한 '이스라엘 두 민족과 두 땅이 다 자신의 것이며 자신의 기업이 되리라'고 말하는(10절) 대적에게 대해, 하나님은 '내가 거기에 있었다'고 하시며, 그들을 심판하실 것이라 말씀하십니다(10-11절). 나아가 36장에도 언급되는 '이스라엘 산들'을 가리켜 '저 산들이 황폐하였으므로 우리에게 주어 삼키게 되었다'고 욕하며 하나님을 대적하여 입으로 자랑하며 여러 가지로 말한 것(12-13절)에 대해, 하나님은 '나 여호와가 그 말을 들었노라'고 말씀하시며 하나님이 그 말을 기억하고 계신다고 반응하십니다(12-13절). 끝으로 대적이 이스라엘 족속의 기업이 황폐하므로 즐거워 하는 것에 대해(14-15절), 하나님은 온 땅을 황폐하게 하고, 세일산과 에돔 온땅을 황폐하게 하겠다고 예언하십니다(14-15절).

계속 반복되는 표현에 유의하세요. 각각의 대적하는 행위에 대해 하나님은 일일이 강조하십니다. 하나님의 의도는 '내가 여호와인 줄을 대적들로 알게 하시는' 것입니다(9, 11, 12, 15절). 심판 그 자체가 목적이 아니요, 심판을 통해 하나님을 알고 하나님께 나아오라는 의도입니다. 이스라엘은 하나님의 눈동자요 하나님의 백성이며, 하나님 언약의 증인이자 종임을 기억하십시오. 이 말은 이스라엘이 대단하거나 잘 나서가 아니라, 하나님의 도구로 사용되고 있는 이스라엘을 함부로 취급하거나 무시해서는 안 된다는 의미입니다. 하나님은 '이스라엘을 대적하는 것은 나를 대적하는 것'이라고 말씀하십니다(13절). 이미 창세기 12:3에서 하나님은 아브라함에게 저주하는(칼랄 קָלַל, 경멸하다, 가볍게여기다) 자를 내가 저주하리라(아라르 אָרַר, 저주하다, 심판하다)고 하나님의 경영 원리를 선포하신 바가 있습니다. 언약 관점에서 이스라엘을 보아야 합니다.

(3) 에스겔 35장에서 이스라엘에 대해 대적하는 모습의 다양한 양상과, 이에 대해 책망하시는 하나님의 반응은 어떻게 표현되어 있나요?

	겔 35:5-9	겔 35:10-11	겔 35:12-13	겔 35:14-15
대적하는 양상	5절	10절	12-13절	14-15절
하나님의 반응	6-9절	10-11절	12-13절	14-15절

(4) 알고 있는 사례 중에, 오늘날 유대인과 이스라엘 땅을 없애려고 하는 인물 또는 역사적 사건이 있나요?

독일 총통 히틀러	하마스 지도자 셰이크 아흐메드 야신	이라크 대통령 사담 후세인	이란 대통령 아흐마디네자드	튀르키예 대통령 에르도안

한 걸음 더

바벨론·페르시아·헬라·로마제국 등 역사상 이스라엘을 지배했던 모든 제국은 사라졌어도 이스라엘은 사라지지 않았습니다. 오히려 4,000년 전 야곱에게 이름붙여 주셨던 그 '이스라엘'이, 1948년 '이스라엘'이라는 이름으로 재건되었습니다. 이스라엘은 하나님의 언약 가운데 있으며, 하나님의 명예는 자기 백성의 운명과 연결되어 있기 때문입니다. 오늘날도 "이스라엘은 지구상에서 사라져야 할 나라다."고 외치거나, "언젠가 꼭 정복하고 싶은 곳이 있다면 그것은 예루살렘이다."고 발언하는 자들이 있습니다. 2023년 10월 7일 이스라엘과 하마스의 전쟁은 매우 중요한 역사의 분기점이 되는 사건입니다. 이 전쟁으로 대리전을 치루던 이란은 2024년 4월 이스라엘을 직접 공격함으로 마지막 때 중요한 전환점이 되고 있습니다. 세상은 이스라엘과 반 이스라엘로 더욱 정렬되고 있습니다.

영적 전쟁입니다. 보이는 것은 나타난 것으로 말미암아 된 것이 아닙니다(히 11:3). 하늘에 전쟁이 있습니다(계 12:7-9). 이 말은 **하늘에서의 영적 전쟁**이 땅의 사건들과 밀접하게 연결되어 있음을 암시합니다. 하늘의 전쟁으로 용(사탄)이 하늘에서 쫓겨난 뒤 땅으로 내려가, 이로 인해 땅에서 박해가 일어나게 되었음을 알려주고 있습니다(계 12;12). 다니엘서에의 기록도 같은 맥락입니다(단 10:11-14). 바울 또한 우리의 씨름이 혈과 육에 대한 것이 아니요 마귀를 대적하는 싸움이라고 밝힙니다. 구체적으로 통치자들과 권세들과 이 어둠의 세상 주관자들과 하늘에 있는 악의 영들을 상대한다고 말합니다(엡 6:11-12). 이스라엘을 중심으로 언약의 성취를 위해 역사하시는 하나님과 어린양을 따르는 자들, 그리고 바로 이 **언약 성취의 역사를 대적하는 사탄과 그 추종 세력들의 싸움**이 전개되고 있습니다. 당신은 지금 어떤 편에 서 계십니까?

(5) 성경은 이러한 싸움에 관하여 어떠한 인사이트를 주고 있나요?

계 12:7-9

엡 6:11-12

중요한 것은 이스라엘을 맹목적으로 추종하거나, **우상시 해서는 안 된다**는 것입니다. 이스라엘이 가리키는 하나님을 보지 못하고, 본질 없이 이스라엘 '만' 남아서는 안 된다는 말입니다. 예수 그리스도와 복음은 사라지고, 유대인의 외형만 흉내내고자 하는 식의 무의미한 모방에서 벗어나야 하며, 이스라엘에 대한 무비판적·무조건적 지지 및 지원 또한 주의해야 됩니다. 그렇다고 이스라엘을 **무시해서도 안 됩니다**. 이스라엘이 주
님 재림의 표징(sign)이 되고, 언약 완성을 위해 맡겨진 역할을 바르게 수행하도록 하며, 그들이 잃어버린 **예수 그리스도를 찾도록 도와야** 합니다. 윌리엄 헤슬러

(William Hechler, 독일 성공회 목사)가 좋은 예입니다. 그는 성경 연구를 통해 1896년 데오도르 헤르츨을 만나 유대 민족 회복을 지지하고 유대국가 건설을 위한 정치적 외교적 지원을 제공했습니다. 하지만, 그는 1903년 6차 시온주의 대회에서 영국이 제시한 '우간다(오늘날 케냐 지역) 안'에 강력히 반대하며, 유대 국가는 반드시 성경에 예언된 '이스라엘 땅'에 재건되어야 함을 주장하였습니다. 이에 따라 우간다 안은 철회되었고, 마침내 1948년 이스라엘의 고토 약속의 땅에 유대국가가 재건되는 것을 도울 수 있게 되었습니다. **성경에 근거하여 이스라엘의 바른 친구가 되어야** 합니다.

추천 영화

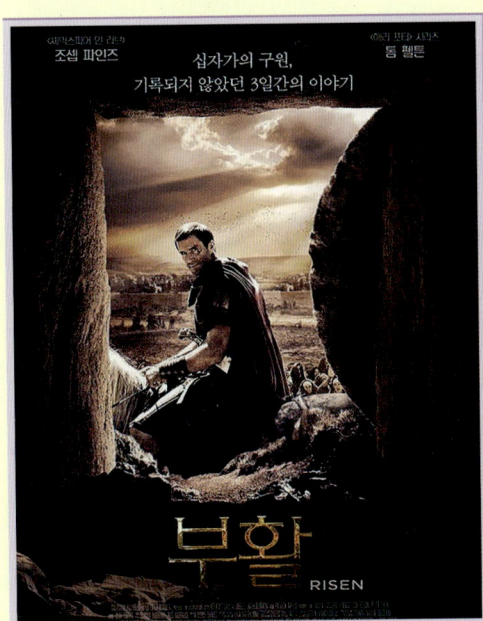

부활(Risen)
(드라마·107분·미국·2016)

"그 일을(부활을) 정말 믿으세요?"
"확실한 건... 내가 절대 예전과 같을 수 없다는 것이다."

가나의 혼인잔치:언약(Before The Wrath)
(다큐멘터리·73분·미국·2020)

'예수님의 재림하시는 이유-결혼!'
1세기 갈릴리 사람들이 이해하는 결혼 문화로 예수님의 재림을 일깨워 주는 영화

4

완성을 위한 이방인의 역할

하나님의 증인과 종으로(사 43:10) 부름받은 이스라엘을 위해 이방 교회가 해야 할 역할이 있을까요? 성경이 이방인에게 직접적으로 명령한 역할들이 있나요?

예. 있습니다. 먼저 **이스라엘을 위한 기도**입니다. **이사야 62장은 종말의 이스라엘을 위한 기도**에 있어 매우 중요한 장입니다. 4절의 "다시는 이스라엘을 버림받은 자라 부르지 아니하며, 다시는 이스라엘 땅을 황무지라 부르지 아니할 것이라"는 표현은 과거에 이스라엘이 하나님께 버림받았다가 회복된 것을 전제로 하며, 특히 '다시는'이 가리키는 회복은 시온의 완전한 회복 즉 종말론적 성취를 암시하고 있습니다. 또한 11절 "여호와께서 땅 끝까지 선포하시되 너희는 딸 시온에게 이르라"의 '너희는' 이방(열방)을 지칭하는 것으로, 딸 시온 즉 '이방 구원을 위한 희생양으로 일시적인 배제를 당하고 고난을 감내한' 이스라엘에게 하나님의 메시지를 전달하라는 것입니다. 전달할 메시지 역시 "이스라엘에 구원이 이르렀고, 상급과 보응이 이스라엘 앞에 있다"는 회복의 메시지 입니다. 이는 롬 11:25-26에 예언된 이스라엘 회복과 관련된 내용입니다. 이러한 전제 하에 6-7절은 "너희 여호와로 기억하시게 하는 자들아!"라고 도고(중보) 기도자들을 호출하며 명령합니다. 이스라엘과 이방인들에게 "너희는 쉬지 말며 또 여호와께서 예루살렘을 세워 세상에서 찬송을 받게 하시기까지 그로 쉬지 못하시게 하라!"고 촉구합니다. 시온의 완전한 회복, 구속사 완성을 위해 이사야 62장이 강조하는 절대적 필요는 '기도'입니다. 하나님의 일하시는 손을 쉬지 못하게 하는 기도입니다.

롬 15:27에서 바울은 "만일 이방인들이 유대인의 영적인 것을 나눠 가졌으면 육적인 것으로 그들을 섬기는 것이 마땅하다."고 말합니다. 이방인들이 육신적으로 **헌금**하며 유대인들을 섬기는 것이 마땅하다고 말합니다. 바울이 이방(마케도냐와 아가야) 교회의 헌금을 예루살렘의 가난한 유대인들에게 전달한 내용을 로마서에 기록한 것을 기억하십시오(롬 15:25-26). 그들은 기쁨으로 헌금하였지만, 또한 '복음의 빚진 자'임을 알고 섬겼음을 강조한 것을 기억하십시오. 한편, 사 60:12은 '이방인들이 네 성벽을 쌓을 것이요'라는 말로 이방인의 역할을 부여합니다. 하나님의 구원 계획의 완성을 목표로 회복된 이스라엘의 안전과 번영을 위한 **다양한 협력과 자발적 동참**을 암시합니다. 자신의 다양한 은사와 재능을 이용한 다양한 섬김과 봉사가 가능할 것입니다. 이 모든 것은 하나님의 마음과 예수 그리스도의 사랑에 감동된 마음으로 행해지는 것이며, 사 40:1-2

의 "내 백성을 위로하라, 마음에 닿도록 위로하라"는 명령에 대한 실천이 될 것입니다. 이스라엘은 위로가 필요합니다. 이는 또한 예수 그리스도의 복음에 문을 열게 하는 통로가 될 것입니다.

렘 31:10-12에서는 "이방들이여" 하면서 명령합니다. 구약 시대임에도 이방인을 직접 호출하여 임무를 부여하는 것에 놀라게 됩니다. 여호와의 말씀을 듣고 '먼 섬' 즉 멀리 떨어진 모든 민족과 나라에 전파하라고 하십니다. 전파해야 할 메시지는 '이스라엘을 흩으신 여호와가 그들을 모으시고 지키시며 구원하실 것이며, 다시는 근심이 없을 것'이란 종말론적 선언으로, **끝날에**(신 4:30) **흩어져 있는 유대인들에 대한 '알리야' 및 '구원'에 대한 촉구와, 이스라엘의 회복을 통한 열방의 종말적 각성**을 불러 일으키는 **역할**을 **위임**하고 있습니다.

> 1517년 루터가 'Sola Fide(오직 믿음)'를 주장하기 전까지 롬 1:17은 상실된 진리였습니다. 오늘날에도 발견되기를 기다리고 있는 상실된 진리가 있습니다.
> *"이스라엘로 시기나게 하라!"* 롬 11:11의 말씀은 바울의 간절한 부탁으로, 마지막 때 발견되고 실천되어야 할 진리입니다.

(1) 이스라엘을 위한 이방인의 역할로 우리가 할 수 있는 것에는 무엇이 있을까요?

사 62:6-7

렘 31:10-12

롬 15:27

사 60:8-10

참고　사 40:1-2

롬 10:14-15은 직접적으로 '**유대인 전도**'를 언급합니다. 바울은 "아름답도다 좋은 소식을 전하는 자들의 발이여" 이사야 말씀을 인용하며, 유대인 전도를 위해 보내심을 받아 전파하는 이가 있어야 듣게 되고 믿게 될 것임을 강조합니다. 이스라엘을 위해 헌금을 하고, 위로 사역을 하면서 복음을 전하지 않는 것은, 마치 혈액이 부족하여 죽어가는 사람에게 수혈은 하지 않고 먹을 것을 주는 것과 같습

니다. **본질적**이고 **절대적인 필요**는 **복음**입니다. 복음을 전하지 않는 것은 '**영적인 직무유기**'에 해당한다고 생각합니다. 바울은 이스라엘로 시기나게 하여(롬 11:14) 남은 자를 구원하게 해달라고(롬 9:27) 간곡히 부탁합니다. 이것이야말로 가장 중요한 본질이자 궁극적 방향입니다. 우리가 하는 모든 활동은 복음 전도를 향해야 합니다. 복음 '전도'에 깨어 있는 삶이기를 간절히 바랍니다.

> "나는 예루살렘이 머지 않아 크리스천 도시가 될 것을 믿으며, 그와 함께 예수 그리스도의 재림의 때가 곧 다가오리라 기대한다. … 가까운 시일 안에 하나님의 열심이 유대인들의 마음을 바꾸실 때, 여러분들이 기도로 그 일에 동참한 칭찬받는 파수꾼이 되길 소망한다."
>
> - 유진 폴 스틱(Eugene W. Faulstich), 하나님의 시계 이스라엘, 2 -

(2) 이스라엘을 위한 이방인의 역할로 가장 중요한 본질이자 궁극적 방향이 되어야 하는 것은 무엇인가요?

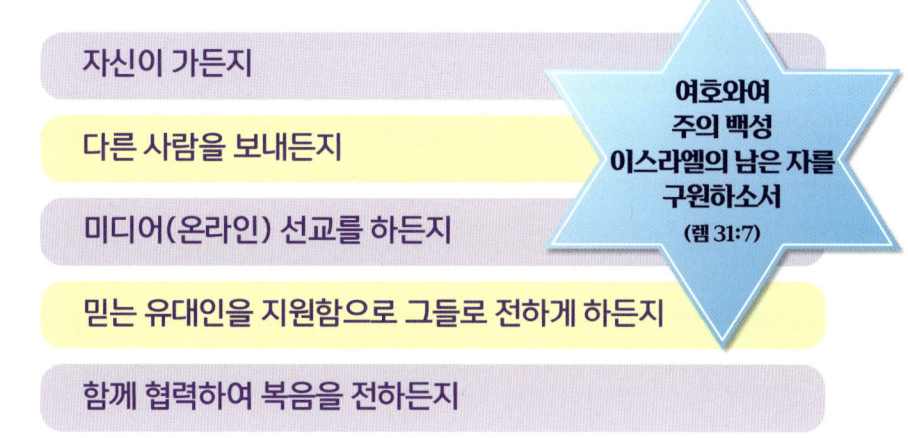

롬 10:12-14

참고 사 40:9-10, 52:7

(3) 이스라엘을 위한 이방인의 역할에 동참하고 있다면(할 거라면), "왜 이러한 일을 하시나요(하실 건가요)?"라는 질문에 한 마디로 어떻게 답하실 건가요?

5. 아멘. 주 예수여, 오시옵소서!(계 22:20)

성경의 마지막 장을 덮을 때 어떤 기도가 나와야 할까요? 주님을 사랑하는 경건한 성도라면 마땅히 요한과 같은 심정으로 기도하게 될 것입니다. **"아멘. 주 예수여, 오시옵소서!"**(계 22:20) 이 기도를 드리는 자는 또한 마땅히 '주님 다시 오실 길을 준비하며 그의 길을 곧게 하는' 일에 드려질 것입니다(마 3:3). 거룩한 신부로 자신을 깨끗하게 할 것입니다(요일 3:2-3). 마지막 때를 분별하고, 충성되고 지혜 있는 종이 되어 주님이 맡기신 사람들에게 때에 맞는 양식을 나눠 줄 것입니다(마 24:44-46). 그 마음에 시온의 대로가 있어, 눈물 골짜기를 지날지라도 멈추지 않고 **'시온의 대로'**를 걸을 것입니다. 주께 힘을 얻고 더 얻어 **'시온의 영광'**이신 하나님 앞에 나타나길 소망할 것입니다(시 84:5-7).

(1) 경건한 성도들이 성경의 마지막 장을 덮으면서 드리는 기도는 무엇인가요?

> 계 22:20

(2) 다시 오실 주님을 기다리는 성도가 마땅히 해야 할 일은 무엇일까요?

마 3:3

요일 3:2-3

마 24:44-46

시 84:5-7

(3) 공부를 마치면서, 나에게 '시온의 대로, 시온의 영광'의 의미는 무엇인가요?

적용하기

5과에서 가장 기억에 남는 'one thing'은 무엇이며, 어떻게 실천할 건가요?

사진으로 보는 이스라엘

종려나무, 예루살렘 감람산의 주기도문 교회

종려나무는 성경에서 의로운 자를 비유할 때 사용되는 나무입니다(시 92:12). 초막절에는 기쁨의 상징으로 사용되었고(레 23:40), 성전의 벽과 문에 새겨진 장식으로 하나님의 임재를 기념하는 상징이 되었습니다(왕상 6:29, 32). 또한 왕을 맞이하는 기쁨과 구원에 대한 찬양의 표식이기도 했습니다(요 12:12-13). 감람산 위, 주기도문 교회 곁에 선 종려나무는 하나님의 약속을 신뢰하며, 다시 오실 주님을 맞이하는 모습을 떠올리게 합니다.

1 – 5과 한 눈에 보기

① **7대언약**

창조 언약
창 1:27-28 "다스리라"

② **언약의 핵심과 범위**
"나는 너희의 하나님이 되고
너희는 내 백성이 되리라"
(창 17:7, 8 – 계 21:3, 7)

창조 복

죄 **타락**
존재 근원 상실

"이는 그리스도 예수 안에서 아브라함의 복이
이방인에게 미치게 하고…" (갈3:14)

봄 절기
초림

구속

1. ③ **언약과 이스라엘** (성부 θ)

유대인: 수단의 특정성

오순절

| 구약 대망 (메시아) | 아담 언약 창 3:15 (시작 언약) | 노아 언약 창 9:11 (보존 언약) | 아브라함 언약 창 12:1-3 (약속 언약) | 모세 언약 출 19:5-7 (율법 언약) | 다윗 언약 삼하 7:12-16 (왕국 언약) | 새언약 렘 31:31-35 눅 22:20 (절정의 언약) |

씨: 여자의 후손 → 아브라함 씨 → 다윗 자손 → A, D의 자손 예수 그리스도 (성자 θ)

땅: A+A자손 (약속의 땅) 창 15:18 출 12:48

2. ① **메시아 언약의 성취: 유대인의 왕 예슈아**
② 나심 사시고 T, P, H / 전도: 하나님나라, 제자 ③ 죽으심
④ 메시아를 배척한 예슈아의 백성
⑤ 어머니의 백성이 나의 백성이 되고(제2의 룻)

④ 언약과 전쟁

⑤ 너를 축복하는 자에게는 내가 복을 내리고

"구약의 모든 내용은 예수 그리스도에게로"

초림 저지
바로   아달랴   하만   헤롯

Big Picture!
역사성

시온의 대로, 시온의 영광

5. 언약의 완성: 다시 오실 만왕의 왕 예수님

⑤ 아멘. 주 예수여, 오시옵소서!
④ 완성을 위한 이방인의 역할
③ 재림에 대한 방해: 영적 전투
② 재림을 위한 전제: 한 새 사람
① 다시 오실 만왕의 왕 예수님

"왕노릇하리라"
(다스릴 것-새번역)

계 22:5
완성

3. 초대 교회와 이스라엘의 디아스포라

① 유대인의 예루살렘교회
(유대인만)

④ 이방 교회의 대체관점과 반유대주의
(150년경 저스틴 이후, 이방인 지도자)

(성령 θ)

가을 절기
재림

언약
복음
선교
역사
하나님 나라
안식

성령
강림

① 알리야 ② 이.재건 ③ 예.회복

70 135   1882 1948 1967   ?

② 유대인과 이방인의
안디옥교회
(유대인+이방인
=한 새 사람)

대체관점
회복관점

이방인: 목표의 보편성

④ 20세기, 이스라엘 영적 회복
⑤ 이스라엘로 시기나게 하라

③ 유대인의 디아스포라: 역사에서 사라진 이스라엘
(디아스포라 이스라엘, 이방인만의 교회)

⑤ 이스라엘의 남은 자를 구원하소서
그럼에도, 이스라엘 편에 선 이방인(프란시스 케트, 존 오웬 등)

4. 이스라엘의 회복과 예언의 성취

언약의 역사

전쟁

흘러 들어가고, 예수 그리스도로부터 신약의 모든 내용이 흘러나온다"

재림 저지

사탄 대적의 역사

십자군, 게토, 종교재판, 포그롬, 홀로코스트, 이란, 하마스, 두 국가 해법

MEMO

MEMO

참고문헌

〈1과〉

권혁승. (2016). 성서와 이스라엘. 서울신학대학교출판부.

권혁승. (2021). 역사의 중심 이스라엘 스토리. 산책길

김진수. (2017). 인류의 헌장 다윗언약. 부흥과개혁사.

Beale, Gregory K., & Kim, Mitchell. (2016). 성전으로 읽는 성경 이야기 (채정태, 역). 부흥과개혁사. (Original work published 2014)

Beckett, Wendey D. (2016). 하나님은 언약을 지키신다 (강진성 외, 역). 한·이성경연구소. (Original work published 2006)

Horton, Michael. (2009). 언약신학 (백금산, 역). 부흥과개혁사. (Original work published 2006)

Ladd, George Eldon. (2001). 하나님 나라의 복음 (박미가, 역). 서로사랑. (Original work published 1959)

Lambert, Lance. (2010). 이스라엘의 본질 (유평애, 역). 램프레스. (Original work published 1980)

Meir, Benjamin. (2020). 성경이 말하는 이스라엘은 누구인가? (이상준, 역). 이스트윈드. (Original work published 2018)

Robertson, O. Palmer. (2002). 언약이란 무엇인가 (오광만, 역). 그리심. (Original work published 1987)

Shulam, Joseph. (2013). 여호와의 집에 심겼음이여 (로이 미션, 역). 로이 미션(Original work published 2003)

Wolters, Albert M., & Goheen, Michael W. (2007). 창조 타락 구속 (양성만 & 홍병룡, 역). IVP. (Original work published 2005)

Wright, Nicholas Thomas. (2010). 모든 사람을 위한 로마서 I (신현기, 역). IVP. (Original work published 2004)

〈2과〉

김인식. (2021). 성경, 빅 픽처를 보라!. 두란노.

장진광. (2009). 희년과 복음. 두란노.

정태권. (2016). 시공간 속의 예슈아. 브래드북스.

Bivin, David. (2018). 유대인의 눈으로 본 예수 (이상준, 역). 이스트윈드. (Original work published 2007)

Finto, Don. (2007). 당신의 백성이 나의 백성이 되고 (유지연, 역). 횟셔북스·지식과 지혜. (Original work published 2001)

Gallups, Carl. (2020). 메시아를 만난 랍비 (임은묵, 역). KIBI 미디어. (Original work published 2013)

Glaser, Mitch. (2014). 이사야 53장 해설 (벤자민 오 & 정경아, 역). 이스트윈드. (Original work published 2009)

Henze, Matthias. (2023). 마인드 더 갭-제2성전기 유대 문헌으로 예수 이해하기 (신철호 역). 마온하우스. (Original work published 2017)

Pearce, Tony. (2018). 누가 메시아인가 (박계원, 역). 브래드북스. (Original work published 2004)

Postell, Seth D., Bar, Eitan, & Soref, Erez. (2020). 모세를 읽으며 예수님을 보다 (김진섭, 역). 이스트윈드. (Original work published 2017)

Stern, David H. (2024). 복음의 유대성 회복 (신철호, 역). 마온하우스. (Original work published 1988)

〈3과〉

김종철. (2011). 반유대주의와 마지막 때. 브래드북스.

류모세. (2010). 유대인 바로보기. 두란노.

오화평. (2009). 이스라엘의 고난과 회복. 베드로서원.

Bock, Darrell L., & Glaser, Mitch (Eds.). (2014). 이스라엘 민족, 영토 그리고 미래 (김진섭 & 권혁승, 역). 이스트윈드. (Original work published 2014)

Booker, Richard, & Kim, Woohyun. (2010). 어찌하여 십자가가 칼이 되었는가. 버드나무. (Original work by Booker published 1994)

Brown, Michael L. (1994). 유대민족의 비극적 역사와 교회 (김영우, 역). 종합선교한사랑. (Original work published 1994)

Johnson, Paul. (2014). 유대인의 역사 (이재근, 역). 포이에마. (Original work published 1987)

Juster, Daniel C. (2019). 이스라엘을 향한 열정 (김동진, 역). 리바이브 이스라엘 미디어. (Original work published 2012)

Luther, Martin. (2020). 유대인의 거짓말에 관하여 (고병현, 역). 브래드TV. (Original work published 1543; German edition published 1988)

Murray, Iain, H. (2011). 청교도의 소망 (장호익, 역). 부흥과개혁사. (Original work published 1971)

Ramm, Bernard. (1974). 성경해석학 (정득실, 역). 생명의말씀사. (Original work published 1970)

Schlink, Basilea M. (2010). 이스라엘 나의 택한 백성 (김미애, 역). 이스라엘사역출판. (Original work published 1958)

Shakespeare, William. (2010). 베니스의 상인 (최종철, 역). 민음사. (Original work published 1596; Based on the Arden edition, edited by John Russell Brown)

Twain, Mark. (2000). 마크 트웨인 여행기(하) (박미선, 역). 범우사. (Original work published 1869)

Watson, William C. (2017). 청교도 시대의 종말론: 세대주의와 언약신학의 요소를 포함한 다양성 (최정기 & 곽철호, 역). 성서침례대학원대학교 출판부. (Original work published 2015)

참고문헌

《4과》

김종철. (2021). 이스라엘에 대한 오해. 브래드북스.

박흥수. (편저). (2017). 청교도의 소망 유대인의 회심. 왕의귀환펠로우쉽.

이경용. (2014). 무화과꽃이 피었습니다(원제 지금은 엘리야 때처럼). 이스트윈드.

Glashouwer, Willem J. J. (2014). Why 이스라엘? (베다니 사역본부, 역). 하늘양식. (Original work published 2007)

Herzl, Theodor. (2012). 유대국가 (이신철, 역). 도서출판 b. (Original work published 1896; German edition published 1988)

Hess, Tom. (2023). 내 백성을 가게 하라 (이다윤, 역). 브래드북스. (Original work published 2000)

Hoffman Cohen, Leopold. (2022). 어느 고대 민족에게 (김진섭 & 정규채, 역). 이스라엘포럼 출판사. (Original work published 1996)

Lightle, Steve. (1991). 제2의 출애굽(Exodus II) (모퉁이돌선교회 이스라엘 선교부, 역). 한이성경연구소. (Original work published 1983)

Lightle, Steve. (2008). 작전! 출애굽 II (에스더 김). 싸이러스. (Original work published 1998)

Lloyd-Jones, Martyn. (2005). 복음 전파의 신적 원리: 로마서 강해 10 (서문강, 역). 기독교문서선교회. (Original work published 1991)

Lloyd-Jones, Martyn. (2005). 하나님의 영광을 위하여: 로마서 강해 11 (서문강, 역). 기독교문서선교회. (Original work published 1998)

Lloyd-Jones, Martyn. (2005). 하나님의 주권적 목적: 로마서 강해 9 (서문강, 역). 기독교문서선교회. (Original work published 1991)

Peres, Shimon. (2018). 작은 꿈을 위한 방은 없다 (윤종록, 역). 쌤앤파커스. (Original work published 2017)

Prince, Derek. (2009). 약속의 땅 (한동대 오르, 역). 이스트윈드. (Original work published 2003)

Prince, Derek. (2016). 이스라엘과 교회의 운명 (전은영, 역). 엘리야. (Original work published 1992)

Prince, Derek. (2017). 하나님께서 이스라엘에게 약속하신 땅 (조철환, 역). 엘리야. (Original work published 1982)

Rubin, Barry. (2020). 유대인들을 질투나게 하는 법 (허예람, 역). 브래드북스. (Original work published 1989)

Scheller, Gustav. (2004). 하나님의 특급 작전! (김요한 & 석은주, 역). 두란노서원. (Original work published 1998)

Snyder, Avi. (2019). 유대인은 예수가 필요없다 (임윤아, 역). 브래드북스. (Original work published 2017)

Sorko-Ram, Ari. (2019). 이스라엘 구원을 위한 믿음의 원칙 3가지 (고병현 & 임윤아, 역). 브래드북스.

Tsukahira, Peter. (2010). 하나님의 쓰나미 (진희경, 역). 램프레스. (Original work published 2013)

〈5과〉

유진상. (2023). 굿바이 팔레스타인. 브래드북스.

이나빌. (2021). 그들은 왜 이슬람을 떠나는가. 기독교문서선교회.

하용조. (1998). 로마서의 비전(로마서 강해설교 제2권). 두란노.

이스라엘포럼 편집위원회. (2022). 시온의대로-이스라엘과 다시 오실 주 예수님. 이스라엘포럼 출판사.

Archbold, Norma Parrish. (2016). 이스라엘의 산들 누구의 땅인가 (오숙희, 역). 사랑의 메시지 출판사. (Original work published 1993)

Blumenthal, Ariel L. (2018). 한 새 사람 (김주성 & 고병현, 역). 리바이브 이스라엘 미디어. (Original work published 2018)

Craig, Tom. (2015). 경배의 대로 (김요엘, 역). 경배의대로. (Original work published 2014)

Doron, Reuven. (2009). 한 새사람 (김영우, 역). 이스트윈드. (Original work published 1993)

Edwards, Jonathan. (2000). 기도합주회 (정성욱 & 황혁기, 역). 부흥과개혁사. (Original work published 1747)

Howard, Kevin, & Rosenthal, Marvin. (2022). 메시아닉 유대인이 말하는 여호와의 절기 (박철수, 역). 브래드북스. (Original work published 1997)

Intrater, Asher (2018). 정렬 (고병현, 박노섬, & 이미정 역). 리바이브 이스라엘 미디어. (Original work published 2017)

Juster, Daniel C. (2014). 유월절, 계시록을 여는 열쇠 (고병현, 역). 와이크라 출판위원회. (Original work published 1991)

McNeil, David A. (2017). 유대적 관점으로 본 룻기 (박정희, 역). 순전한나드. (Original work published 2005)

Piper, John. (2011). 열방을 향해 가라 (이선숙, 역). 좋은씨앗. (Original work published 2010)

Piper, John. (2013). 하나님의 선교를 열망하라 (이선숙, 역). 좋은씨앗. (Original work published 2011)

Price, Randall. (2010). 중동문제 진실은 무엇인가 (오소희, 역). 사랑의 메시지 출판사. (Original work published 2003)

Prince, Derek. (2018). 마지막 때의 이스라엘과 교회를 위한 예언 (곽은정, 역). 엘리야. (Original work published 2008)

Richardson, Joel. (2016). 마지막 때와 이슬람 (조용식, 역). 순전한 나드. (Original work published 2015)

Schneider, Doron. (2012). 이제 이스라엘을 위로하라 (강미경, 역). 토기장이. (Original work published 2006)

Shishkoff, Eitan. (2014). 이스라엘의 회복과 이방인의 부르심 (김진섭, 역). 이스트윈드. (Original work published 2013)

표지 사진 해설 1

내 양을 먹이라,
갈릴리 주님의식탁교회
(베드로수위권교회)

우리 주님께서는 낙심한 베드로를 찾아오셔서, 세 번씩이나 "내 양을 먹이라"고 사명을 새롭게 하셨습니다(요 21:17). 마지막 때를 살아가는 우리는 때에 맞는 양식을 나누는 충성되고 지혜로운 종이 되어야 하겠습니다(마 24:45). "주인이 올 때에 그 종이 이렇게 하는 것을 보면 그 종이 복이 있으리로다"(마 24:46) "아멘. 주 예수여, 오시옵소서!"

| 표지 사진 해설 2 |

**통곡의 벽,
기도하는 유대인과 빈 의자**

성경은 이스라엘이 넘어짐으로 이방인의 충만한 수가 차고, 마지막 때에 온 이스라엘이 구원 얻을 것을 예언하고 있습니다(롬 11:25-26).
"이스라엘로 시기나게 하라"(롬 11:11)는 명령을 따라 '이스라엘의 남은 자'의 구원을 위해 기도하고 복음 전할 이방인이 누구입니까?(렘 31:7; 롬 10:14-15) 빈 의자는 그 한 사람을 의미합니다.

시온의 대로,
시온의 영광

예수 그리스도와 복음 그리고 이스라엘

발행일: 2025년 6월 5일

지은이 박일승
펴낸이 이경아
펴낸곳 홀리원코리아출판사
등록번호 제 2021-000138호
도서문의 whok.publication@gmail.com
디자인 홍승화 한유정

ISBN 979-11-972354-9-8(03230)

저작권자의 허락없이 이 책의 일부 또는 전체를
무단복제, 전재, 발췌하면 저작권법에 의해 처벌을 받습니다.